COMUNICAÇÃO VISUAL

Como utilizar o *design thinking* para resolver problemas e se comunicar melhor em qualquer situação

COMUNICAÇÃO VISUAL

Como utilizar o *design thinking* para resolver problemas e se comunicar melhor em qualquer situação

INDISPENSÁVEL PARA GERENTES, GESTORES E EMPREENDEDORES

Martin J. Eppler
Roland A. Pfister

ALTA BOOKS
EDITORA
Rio de Janeiro, 2019

Editoração Eletrônica
Docware Traduções Técnicas

Revisão
Alice Kobayashi

Composição e ilustrações
Roland A. Pfister

Design de capa e layout de pagina
Malte Belau

Produção Editorial
Elsevier Editora - CNPJ: 42.546.531./0001-24

CIP-Brasil. Catalogação na fonte
Sindicato Nacional dos Editores de Livros, RJ

E54c   Eppler, Martin J.
      Comunicação visual: como utilizar o design thinking para resolver
      problemas e se comunicar melhor em qualquer situação / Martin J.
      Eppler, Roland Andreas Pfister ; tradução de Edson Furmankiewicz.
      1. ed. - Rio de Janeiro : Alta Books, 2019.
      128 p. il. ; 21 x 14,8cm.

      Tradução de: Sketching at Work
      Inclui bibliografia
      ISBN 978-85-508-1047-8

      1. Comunicação Visual. 2. Artes gráficas. 3. Desenho (Projetos).
      I. Pfister, Roland Andreas. II. Título

13-07126   CDD: 686.2252
                                         CDU: 655.26

Rua Viúva Cláudio, 291 — Bairro Industrial do Jacaré
CEP: 20970-031 — Rio de Janeiro - RJ
Tels.: (21) 3278-8069 / 3278-8419
www.altabooks.com.br — altabooks@altabooks.com.br
www.facebook.com/altabooks

ASSOCIADO

SUMÁRIO

PREFÁCIO

Vivemos em tempos de apresentações elegantes, folhetos chamativos, brochuras brilhantes e workshops impressionantes. Mas muitos de nós achamos que essa forma de rituais rígidos e de apresentações de slides de uma única via nem sempre é favorável para as comunicações, o compartilhamento de informações, a criação de consenso ou a criatividade. Ela também não cria o tipo de energia e comprometimento que a maioria dos gerentes (ou, nesse sentido, equipe de vendas) quer gerar em suas comunicações.

Portanto, não surpreende o fato de que há algum tempo esteja surgindo uma tendência contrária nas áreas de colaboração e comunicação de negócios: a prática de se envolver diretamente com desenhos (ou ilustrações) está substituindo apresentações de slides refinadas, mas muitas vezes entediantes e improdutivas. Existem inúmeros benefícios documentados do uso dos desenhos para o gerenciamento que você encontrará na visão geral do Capítulo 1.

Colher esses benefícios às vezes pode parecer difícil, uma vez que gerentes, consultores, instrutores ou profissionais de vendas não estão familiarizados com as formas básicas e necessárias para desenhos assistemáticos. Para atender essa necessidade, escrevemos este livro, que deverá oferecer a você a ajuda e inspiração necessárias para falar, coordenar e orientar-se com o auxílio de diagramas e metáforas visuais.

Neste livro, compilamos modelos simples de desenho, mais eficazes e versáteis, que podem ser utilizados em diversas situações de negócios. O livro é, portanto, um guia de referência rápido e uma fonte de ideias para a próxima discussão com colegas, workshops de equipe, contato de vendas, negociação, ou reunião gerencial. Esperamos que você domine esses recursos e descubra como essa forma visual de trabalhar é fácil e eficaz.

Martin J. Eppler e Roland A. Pfister, julho de 2011

1.

INTRODUÇÃO:

OS BENEFÍCIOS DOS DESENHOS NOS NEGÓCIOS

"A mente não pensa sem uma imagem."

Aristóteles

Por que você deve se interessar por desenhos em seu trabalho diário? Por que você deve se preocupar com a tendência do *design thinking* e sua ênfase em juntar a arte de desenhar com métodos de visualização rápida?

Uma das principais razões poderia ser os vários benefícios que esses desenhos analíticos à mão (em oposição aos técnicos ou artísticos) podem fornecer para a colaboração e tomada de decisão na área de gerenciamento. Esses benefícios foram discutidos e demonstrados em vários projetos de pesquisa sobre o assunto, principalmente nas áreas de design, engenharia e psicologia. A seguir, vamos rever esses benefícios e mostrar como são relevantes para os negócios e a gestão de negócios. Primeiro, discutiremos os benefícios dos desenhos em termos gerais e, então, focalizaremos mais especificamente os desenhos como prática colaborativa no gerenciamento.

Desenhos em termos gerais, de acordo com o guru de design Bill Buxton, podem ser considerados uma ferramenta de análise que permite que a mente capte coisas que estão em constante mudança e as refine iterativamente. Essa ferramenta de análise tem sido utilizada por várias mentes brilhantes para desenvolver ideias e gerar aprendizado. Leonardo da Vinci, por exemplo, fazia muitos desenhos. Em seu diário, ele observa que os desenhos muitas vezes permitem descobrir coisas que não sabia que conhecia ou detectar novos padrões emergentes que levam a novas ideias. Charles Darwin utilizou desenhos conceituais para desenvolver sua teoria da evolução (como documentado em seu caderno de desenhos e diários). Sigmund Freud fazia desenhos para refinar suas teorias sobre psicanálise e psicopatologia. O filósofo Ludwig Wittgenstein utilizava desenhos para refinar, ilustrar ou esclarecer seus pensamentos. Então, se da Vinci, Darwin, Freud e Wittgenstein utilizavam essa

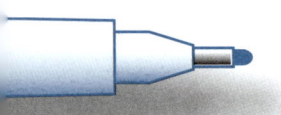

técnica para aprimorar suas habilidades criativas e conceituais, por que você também não usa essa poderosa ferramenta de análise?

Barbara Tversky, psicóloga de Stanford e especialista em técnicas de comunicação visual, também vê os desenhos como ferramentas de análise, porém, não apenas para indivíduos, mas também para grupos de trabalho. Em seus inúmeros artigos sobre o tema, ela enfatiza a velocidade que a técnica de desenhos oferece, seu caráter provisório em contraponto a um caráter definitivo, para permitir uma "expressão do vago", e sua simplicidade como benefícios fundamentais.

Em contextos de colaboração, ela e os colegas Heiser e Silverman destacam os seguintes benefícios da técnica do desenho para a comunicação visual:

- Estabelecer um foco comum entre os participantes de uma reunião.
- Promover interatividade e envolvimento.
- Estimular uma colaboração eficiente e agradável.
- Favorecer a criação de significados compartilhados.
- Levar a uma melhor escuta e melhor lembrança das questões discutidas.

Em seus estudos, Tversky e colegas fornecem evidências experimentais e observacionais para esses benefícios. Da mesma forma, McGown e Green salientam as seguintes vantagens colaborativas dos desenhos à mão: eles são rápidos e simples de entender, fáceis de (re)fazer, têm um efeito imediato, podem desencadear uma resposta de alta qualidade e são altamente expressivos e apenas limitados pela imaginação de quem desenhou.

Em um contexto muito diferente (mas igualmente ilustrativo), a psicanálise, Mayer focaliza o uso de desenhos como catalisadores do diálogo e do processo de análise entre psicoterapeutas e pacientes. A comunicação visual por meio de esboços de desenhos, nesse contexto, torna-se um ponto de acesso primário e não filtrado aos sentimentos e pensamentos de um paciente e permite que, juntos, o terapeuta e o paciente explorem temas ou questões importantes (também ao longo do tempo, usando desenhos mais antigos em sessões subsequentes).

Nesse contexto, os desenhos tornam-se um facilitador do processo de reflexão, dando ao paciente e ao analista acesso a esperanças, medos ou experiências anteriormente não identificadas. De acordo com Mayer, desenhos conceituais desenhados à mão em geral fornecem as seguintes vantagens:

- Envolvem as pessoas e as mantêm focadas e concentradas.
- Ajudam a abstrair ou a generalizar a partir de um fenômeno ou situação concreta.
- Sinalizam o trabalho em progresso e as perspectivas subjetivas, atraindo, consequentemente, modificações ou extensões.
- Convidam o autor do desenho a explorar uma mudança de perspectiva e ver as coisas de forma diferente.
- Ajudam a articular noções ou crenças anteriormente implícitas.
- Tornam-se uma documentação instantânea para referência e análise futuras.

Os psicólogos cognitivos Tversky e Suwa também descobriram que o uso de esboços de desenhos melhora radicalmente as comunicações:

> *Os desenhos funcionam como um referencial fácil a palavras e gestos; assim, expressões diretivas (indicadoras) como "aqui" e "lá" e "esta parte" e "dessa forma" tornam simultaneamente a comunicação mais fácil e mais precisa.*

É exatamente isso o que acontece quando gerentes usam a comunicação visual por meio de desenhos: ao elaborar um esboço, apontando, adicionando símbolos ou conectando elementos, eles tornam visíveis as implicações de seus *insights* e ajudam os colegas a enxergar e a compreender as consequências de suas ações ou opiniões.

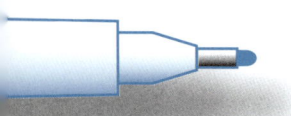

Mas os desenhos ajudam a alcançar muito mais do que apenas um foco comum. À medida que os participantes de uma reunião trocam ideias e fazem comentários sobre os desenhos e lembretes uns aos outros, os processos de interpretação começam a convergir, esclarecer pressupostos básicos, estimular diferentes perspectivas e extrapolar tendências para o futuro. Por meio de seu modo divertido, colaborativo e informal, desenhos de esboços contribuem para um diálogo verdadeiramente aberto, caracterizado pela suspensão de crenças e pressupostos de uma pessoa e pelo envolvimento ativo com os pontos de vista dos outros.

Os desenhos, portanto, são:

C ativantes:
Quando você começa a desenhar, é o momento em que se tem toda a atenção das pessoas.

A utomáticos:
Desenhos simples são automaticamente entendidos, até mesmo por um público diversificado.

R evisáveis:
Os desenhos permitem modificações e, assim, apoiam o trabalho criativo em grupo e os ciclos rápidos de melhoria.

M emoráveis:
Desenhos criam experiências memoráveis — são lembrados com maior facilidade do que listas itemizadas.

E nergizantes:
Desenhar ativa o potencial criativo e analítico das pessoas e as mantém focadas e envolvidas.

N aturais:
Todo mundo sabe fazer ilustrações simples, sendo capazes de participar na confecção de um desenho ou ampliá-lo.

Assim como CARMEN da ópera de Bizet, desenhos são atraentes, mas também podem ser perigosos se utilizados para colocar as pessoas em COMA, por exemplo, tornando os desenhos:

C omplicados:
Desenhos que dependam de convenções peculiares ou empreguem símbolos muito específicos que não forneçam esclarecimento.

O bscuros:
Desenhos que possuam muitos elementos podem criar confusão e desmotivar os participantes.

M anipulativos:
Elementos visuais podem ser desorientadores, ocultando *insights* importantes ou enfatizando excessivamente certos aspectos. Isso é contraproducente.

A mbíguos:
Uma seta pode significar muitas coisas; torne os desenhos claros, rotulando-os ou fazendo comentários sobre seus elementos.

Para evitar esses riscos potenciais, você deve prestar atenção a algumas regras importantes que resumimos no Capítulo 3.

2.

ESTUDO DE CASO:

UM EXEMPLO INICIAL DE DESENHO NOS NEGÓCIOS

Desenhos conceituais assistemáticos podem transformar longas discussões em sessões de colaboração curtas, focadas e esclarecedoras. Por meio de estruturas simples e claras que são esboçadas e anotadas em conjunto, diferentes pontos de vista são explicitados e integrados, levando a conclusões e compromissos comuns. O pequeno exemplo a seguir ilustra esse poder do desenho.

Imagine a seguinte situação:

Você é líder de um projeto e sua equipe tem uma reunião hoje para discutir a situação atual desse projeto.

De que maneira um desenho mudaria a forma de conduzir a reunião? Vamos analisar uma reunião de projeto realista baseada em desenhos e você verá as diferenças que a visualização em tempo real pode fazer para a qualidade da comunicação e colaboração.

No início da reunião você, como líder de equipe da reunião e da equipe, desenha a agenda da reunião em uma folha grande de *flip chart* para esclarecer os objetivos da reunião e as etapas necessárias para alcançá-los.

Um colega de equipe adiciona outro item à agenda na posição apropriada (ver figura 1) e explica por que isso também deve ser discutido na reunião. Sabendo que a reunião deva durar apenas uma hora, você divide o tempo para que as principais questões de cada tema sejam discutidas.

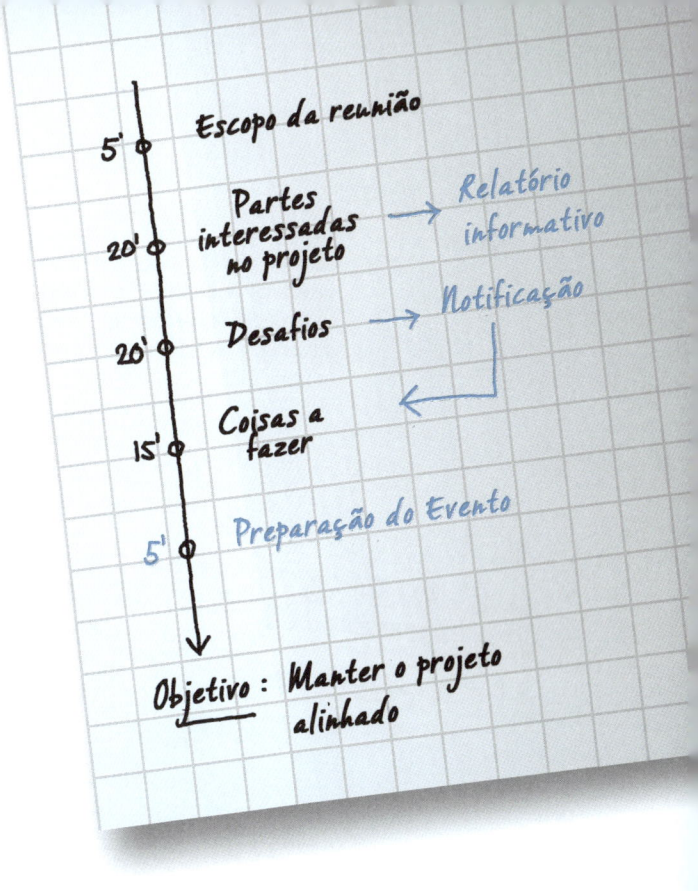

Figura 1: O desenho do controle da agenda da reunião para esclarecer o propósito e processo da reunião.

Depois de esclarecer o propósito e o escopo da reunião, você começa com um único item, digamos uma análise da situação atual do projeto. Assim, você decide desenhar um *Mapa das Partes Interessadas* com os colegas de equipe.

Todos estão na frente de uma folha grande de papel pardo e cada participante adiciona uma ou duas importantes partes interessadas no projeto ao modelo de desenho e faz comentários sobre o nível atual de satisfação e envolvimento no projeto. No final da discussão, alguém percebe que está faltando uma importante parte interessada do projeto e a equipe discute as implicações dessa ausência (levando a algumas novas tarefas capturadas no *Desenho da Agenda*).

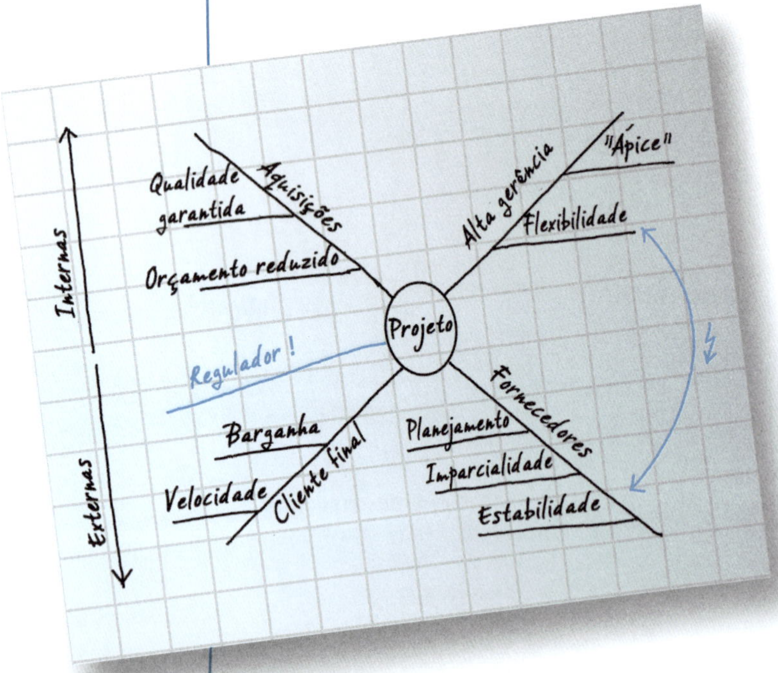

Figura 2: As partes interessadas do projeto e seus respectivos objetivos em relação ao projeto

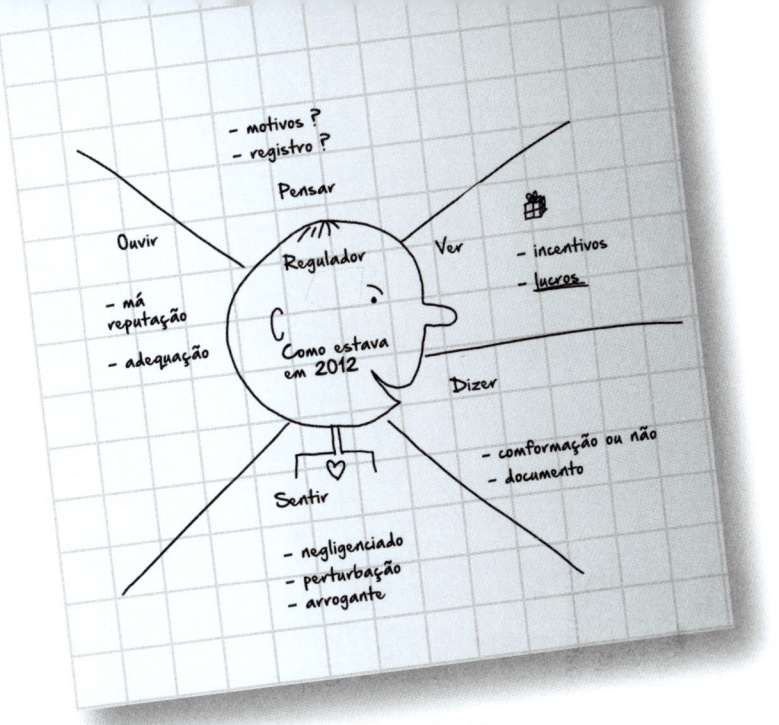

Para entender melhor essa parte interessada esquecida, você desenha – em um dos lados do *flip chart* – o chamado *Mapa de Empatia* da nova parte interessada para compartilhar o conhecimento sobre ela com os membros da equipe. A partir daí, surge outra tarefa, que deve ser inserida na agenda.

Figura 3: Um Mapa de Empatia de uma parte interessada anteriormente esquecida

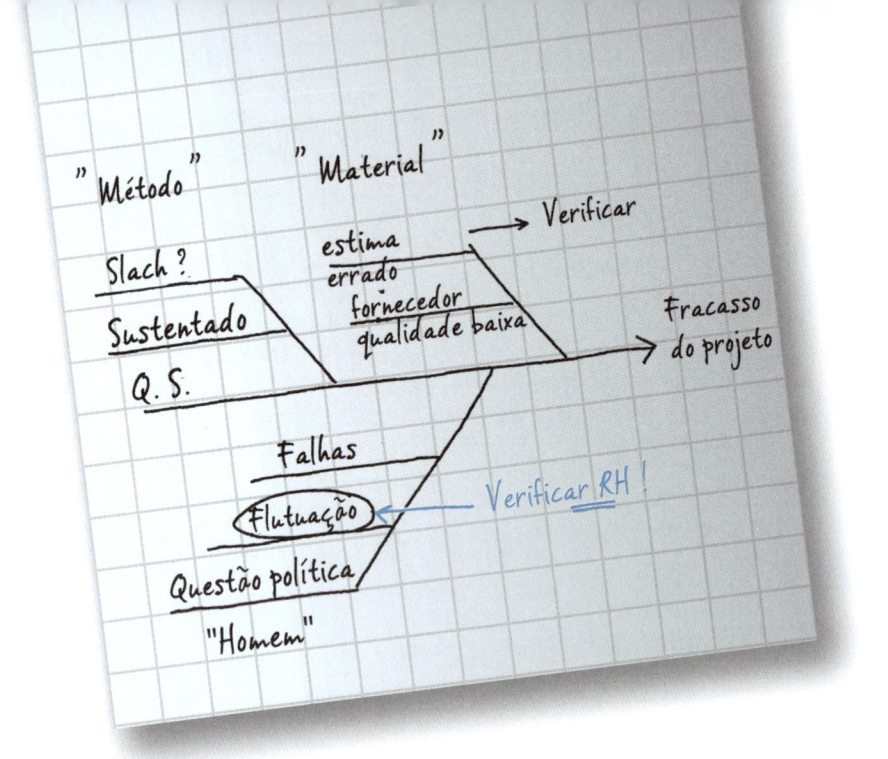

Agora que discutiu o *status quo* geral do projeto, você quer focar os desafios atuais. Para discutir isso, você usa um desenho simples do modelo *espinha de peixe* como um dispositivo de facilitação e coleta interativa dos pontos de vista dos membros da equipe sobre os desafios e os riscos enfrentados pelo projeto. Você então destaca essas preocupações em vermelho que merecem mais atenção e discussão (e os pontos de ação correspondentes).

Figura 4: A compilação interativa dos desafios e riscos e pontos de ação decorrentes

Para concluir a reunião do projeto, é necessário revisar as novas tarefas e fazer um desenho delas em uma *Linha do Tempo* no *flip chart*. Dessa forma, as relações entre os diferentes itens a fazer agora estão visíveis para todos os membros da equipe. Você também pode adicionar os membros da equipe responsável à Linha do Tempo. Todos podem ver o que é preciso fazer e o prazo necessário.

Depois de uma hora, você não apenas concluiu com sucesso a agenda da reunião, incluindo uma análise das partes interessadas e dos riscos do projeto, mas também envolveu visualmente a equipe em uma sessão conjunta de análise que trouxe à tona informações não compartilhadas antes. Isso levou a todos a terem importantes *insights*, a tomarem decisões e a compreenderem as etapas de ação. Em vez de deixar todo mundo entediado com slides cheios de informações estáticas e incompletas, a equipe agora tem uma experiência positiva de realmente trabalhar em conjunto de forma eficaz. Isso pode criar um maior comprometimento e motivação para implementar os pontos de ação decididos.

Figura 5: A Linha do Tempo visualiza quem precisa fazer o que e até quando

3.

INSTRUÇÕES:
REGRAS SIMPLES PARA DESENHAR

Como vimos no primeiro capítulo deste livro, fazer desenhos é simples, mas exige esforço. Para maximizar os benefícios dos desenhos à mão, eis algumas regras simples para melhorar a eficácia de seus desenhos. A seguir apresentamos cinco regras simples e descrevemos três desafios típicos ao utilizar a comunicação visual (e também como superá-los).

Ao esboçar como uma prática de colaboração, siga estas cinco regras simples (que formam a palavra CLEAR, "claro" em inglês) para garantir que suas ilustrações sejam claras para todos:

Elabore um desenho

Conciso:

Mantenha o desenho simples e focado.

Lógico:

Certifique-se de que seu desenho tem uma estrutura óbvia, lógica e facilmente acessível.

Explícito:

Diga o que você pretende mostrar no desenho e por que desenhá-lo, atribuindo a ele um contexto explícito.

Ambiguity-free (sem ambiguidade)

Rotule símbolos ambíguos como setas ou caixas.

Revisável:

Ajude os outros a estender ou modificar os desenhos, convidando-os para fazer a revisão ou alguma modificação neles.

Para alcançar essas características, você pode contar com os modelos de desenho fornecidos neste livro. Essas ferramentas vão ajudá-lo a capturar os elementos essenciais de uma conversa, dando uma forma clara e acessível que pode ser revista e ampliada. Ao utilizar os modelos, mantenha essa fórmula clara na mente e siga estes cinco passos simples (lembre-se do acrônimo CLEAR):

1. Mantenha-o conciso

Só visualize os elementos mais críticos e forneça elementos adicionais por meio de comentários verbais. Reduza confusões para manter as pessoas focadas no quadro maior e deixe espaço para seus comentários.

2. Torne-o lógico

Use um formato familiar de desenho que provavelmente seu público já conheça, como uma matriz de dois por dois, um diagrama de Venn ou uma metáfora visual como um *iceberg*, uma árvore ou uma casa.

3. Forneça um contexto explícito

Forneça um contexto para seu desenho mencionando primeiro por que você o utiliza (isto é, sua meta ou seu objetivo), então explique sua estrutura e seu significado e, por fim, articule sua implicação principal ou conclusão.

4. Reduza ambiguidade

Torne o significado de cada símbolo em um desenho claro indicando o que ele designa. Explique, por exemplo, se uma seta desenhada indica uma sequência temporal ou um relacionamento de causa e efeito. Só use ambiguidade visual em sessões de criatividade.

5. Convide as pessoas a fazer revisões

Faça perguntas ao público sobre o desenho, como: Você concorda com essa imagem? Falta algo nesse desenho? O que você adicionaria? O que deve ser representado de forma diferente?

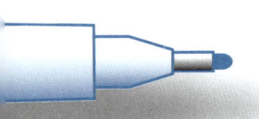

Ao elaborar ilustrações conceituais, utilize as "variáveis retinais" ou dimensões gráficas. As seis dimensões a seguir são como o ABC dos desenhos e você pode usá-las para enfatizar seus pontos principais, distinguir elementos da imagem ou indicar mudanças ao longo do tempo.

TAMANHo

Atribua um tamanho maior para destacar os elementos importantes de seu desenho ou para indicar diferenças no escopo, importância, qualidade ou volume de vendas.

Posição

Em uma página, não posicione os elementos de modo arbitrário. Use esse recurso para comparar e contrastar os elementos. Em geral, elementos que ficam na região central das páginas têm maior importância do que os que ficam perto das margens. Itens que ficam pertos uns dos outros têm uma relação mais próxima. Em desenhos que indicam tempo em geral a sequência é da esquerda para a direita. Assim, eventos posicionados à esquerda ocorrem antes dos da direita.

Forma

Formas e contornos afilados ou angulosos chamam a atenção e sinalizam riscos ou novos elementos, enquanto formas arredondadas representam elementos que são normais e funcionam suavemente. Se você utilizar a mesma forma ou ícone para diferentes elementos no desenho, automaticamente haverá a percepção de que existe uma relação entre eles.

Cor

Use um código de cores para distinguir grupos ou destacar elementos-chave de sua ilustração. Por exemplo, a cor vermelha sinaliza riscos, desvantagens ou perigos, enquanto o verde pode ser usado para representar oportunidades ou benefícios.

Orientação

Uma direção ascendente do texto ou dos símbolos indica que as coisas estão melhorando ou evoluindo, enquanto uma direção descendente significa que as coisas estão piorando.

... Animação

É importante como você desenvolve ou anima seu desenho diante do público. Comece com a estrutura geral e então adicione detalhes a ela. No final, enfatize verbal e visualmente os elementos-chave da sua ilustração com uma caneta de cor diferente ou fazendo um círculo em torno deles, por exemplo.

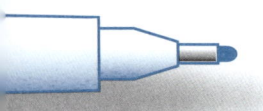

Em se tratando de ferramentas, desenhar é muito fácil. Tudo o que você precisa é de uma caneta ou um lápis e uma folha de papel e para começar a desenhar. Para reuniões em grupo, é interessante que haja grandes paredes cobertas com papel pardo ou um *flip chart* (ou um quadro branco interativo ou uma tela sensível ao toque). Se você criar desenhos para 15 ou mais pessoas, é interessante usar um tablet ou uma mesa digitalizadora para chamar a atenção de todos. Para criar um documento com os desenhos, basta fotografar ou digitalizar a página ao término da reunião ou workshop. Depois, é só fazer a edição do desenho usando softwares como o en.lets-focus.com ou outros.

Contudo, mesmo as melhores ferramentas não garantem uma apresentação eficiente dos desenhos. Ao traçá-los, é preciso evitar três armadilhas comuns, descritas a seguir. Essas armadilhas representam as manias de gerentes e outros profissionais ao desenhar que, à primeira vista, parecem ser atraentes, mas na verdade são contraproducentes para uma apresentação eficiente das ilustrações.

Armadilha 1: Foco na estética, no lugar da objetividade

Descrição

Dar muita atenção à aparência e ao estilo gráfico de um desenho pode levar a várias desvantagens. Além de tornar o processo mais lento e mais complicado, também reduz o desejo alheio de fazer sugestões ou revisões, ou modificar o desenho final – a ilustração passará a impressão de ser perfeita, inibindo o toque ou a modificação. Contudo, a comunicação visual envolve revisar e manter o fluxo do trabalho. Preocupações estéticas podem atrapalhar isso.

Solução

Use um estilo de desenho simples e direto, evitando aplicar decorações e efeitos visuais extravagantes como sombreamento, perspectivas 3D ou excesso de cores.

Armadilha 2: Foco em detalhes e precisão no lugar da clareza e rapidez

Descrição

Se você conhece e domina bem um tópico, poderá correr o risco de sobrecarregar os desenhos com muitos detalhes, ou poderá tentar representar o problema da maneira mais precisa possível. Isso pode atrapalhar a objetividade, a velocidade e, sobretudo, a interação com os colegas de equipe.

Solução

Fazer desenhos envolve manter todo mundo "na mesma página", criando uma visão geral maior sobre uma questão. Para que isso funcione, é preciso resistir à tendência de acrescentar a todo momento mais detalhes a um desenho. Assim, primeiro crie uma ilustração geral com apenas os elementos mais essenciais, e só adicione detalhes ou rótulos mais precisos posteriormente (por exemplo, na fase de discussão).

Armadilha 3: Foco no desenho no lugar da discussão

Descrição

Depois de criar um complexo desenho, há uma tendência de ficar apreciando a arte, focalizando excessivamente o próprio desenho e negligenciando o processo de discussão. Também pode surgir a tendência de não alterar o desenho, nem redesenhá-lo (os chamados "comprometimentos prematuros com a estrutura visual").

Solução

Um desenho deve ser um catalisador para diálogos eficazes e nunca se transformar em "arte pela arte". Tente, portanto, evitar discussões detalhadas sobre convenções de design, estética ou elementos artísticos no desenho (ver armadilha 1). Não enalteça a qualidade de um desenho, mas mantenha o foco nas questões que estão sendo discutidas.

Se você resistir a essas tendências e seguir as cinco diretrizes básicas fornecidas anteriormente, desenhar será uma estratégia de baixo risco de comunicação e solução de problemas para a maioria dos contextos profissionais e de negócios.

4.

VISÃO GERAL:

QUANDO USAR CADA TIPO DE DESENHO

Antes de analisar atentamente a coleção de modelos de desenho neste livro, vamos analisar brevemente o conjunto de conhecimentos sobre os tipos de desenho que podem ser usados para a comunicação e a solução de problemas.

Embora os desenhos tenham recebido alguma atenção em vários campos de pesquisa, como psicologia, engenharia, design, história da arte, educação ou ciência da computação, o tema não foi amplamente discutido na literatura sobre gerenciamento. O recente best-seller *Back of the Napkin* de Dan Roam sobre o tema é uma exceção notável. Um primeiro passo sólido para melhorar nossa compreensão do desenho consiste, portanto, em tentar captar e distinguir os diferentes tipos de ilustrações possíveis em um contexto de gerenciamento ou reunião.

Encontramos apenas três classificações gerais de desenhos, duas no domínio do design e uma do domínio da psicologia. Vamos começar com a última, uma vez que foi derivada da maneira como as pessoas realmente fazem desenhos (nesse caso, ao tentar explicar suas questões pessoais). Mayer distingue desenhos lógicos ou conceituais dos metafóricos e dos configuracionais (ver Figura 6). Desenhos lógicos utilizam formas típicas de diagrama como matrizes dois por dois, diagramas de Venn ou diagramas de Caixa e Seta. No caso de desenhos metafóricos, as pessoas usam imagens familiares como pontes, funis, montanhas, árvores ou meteorologia para expressar ideias ou *insights*. Desenhos configuracionais representam pessoas (como bonecos) e suas relações mútuas (ou barreiras a relacionamentos).

Para contextos de negócios, desenhos diagramáticos são provavelmente os mais adequados, embora eles não sejam tão envolventes ou concretos como metáforas visuais ou desenhos que focalizam pessoas. Portanto, cabe ao autor do desenho decidir que tipo de ilustração é mais adequado à situação atual, ao público-alvo e aos objetivos específicos.

De modo geral, porém, os desenhos diagramáticos são ótimos para fins de análise ou planejamento (isto é, tarefas analíticas), enquanto os desenhos metafóricos são excelentes para envolver pessoas e criar elementos visuais memoráveis. Os desenhos configuracionais ou focados em pessoas são adequados para descrever as relações entre os principais protagonistas em determinado contexto. Neste livro você encontrará a maioria dos modelos diagramáticos, além de alguns fundamentados em metáforas populares. Apenas o mapa da rede social baseia-se em bonecos palito. É claro que essas três principais formas de ilustração também podem ser livremente combinadas.

Figura 6: Desenhos conceitual, metafórico e configuracional.

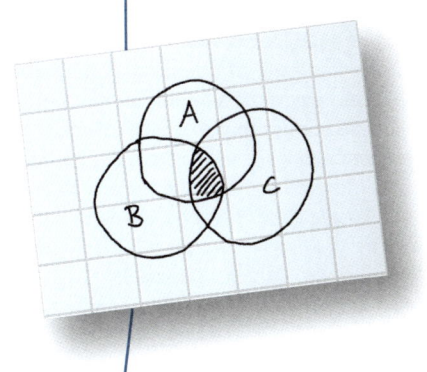
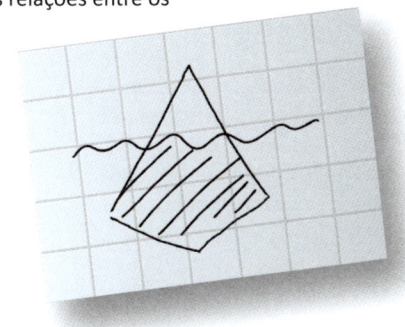

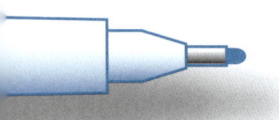

Enquanto Mayer destaca a forma de desenho como um princípio de classificação, Verstijnen e colegas focalizam a função de um desenho e distinguem os desenhos de ideias dos desenhos de apresentação. Enquanto os desenhos de ideias são delineados para gerar ideias e desenvolver novas perspectivas, os desenhos de apresentação são desenhados para transmitir novas ideias para outras pessoas. Essas são as duas funções importantes dos desenhos no gerenciamento. Você pode usá-las para desenvolver novos conceitos e ideias nas equipes. Pode usar também para dar suporte a suas apresentações e, assim, torná-las mais dinâmicas e envolventes. Você pode incluir, por exemplo, slides em branco ou incompletos na apresentação para desenhar e completar com uma caneta digital em tempo real.

Provavelmente, a classificação mais notável dos desenhos – que também tem como base a função de um desenho, em vez do seu conteúdo – foi desenvolvida por Ferguson. Ele identificou três tipos de desenhos utilizados de forma colaborativa no contexto de engenharia:

1. O desenho de pensamento que engenheiros usam para focalizar e orientar o pensamento não verbal.
2. O desenho prescritivo feito por um engenheiro para orientar um desenhista a criar um desenho final.
3. O desenho da fala, produzido durante a troca de ideias entre técnicos a fim de esclarecer as partes complexas e possivelmente confusas do desenho (ver também McGown & Green, p. 436, para essa questão).

Em nosso contexto específico de desenho como uma prática (principalmente colaborativa), contamos com modelos que permitam alcançar mais de um desses propósitos ao mesmo tempo. Desenhos podem ajudar a concentrar o pensamento de um grupo de pessoas. Podem servir para prescrever um curso de ação (como a Linha do Tempo em nosso estudo de caso introdutório). Podem ajudar a esclarecer uma questão complexa. Nós, portanto, não segmentamos os modelos de desenho com base nesses critérios, mas, em vez disso, utilizamos as tarefas que eles podem suportar como um princípio de classificação. Podemos distinguir entre desenhos que são úteis para o planejamento (como Linhas do Tempo), aqueles que ajudam a preparar, conduzir ou documentar reuniões (como o Controle de Agenda de Reunião), desenhos que podem ser usados em contextos de vendas (como o Balanço de Vendas), desenhos voltados para análise (como um SWOT) e desenhos que geralmente apoiam tarefas de comunicação ou apresentação (como a metáfora Trilha da Montanha).

Como você pode ver na tabela, muitos desses modelos ajudam nas tarefas de análise e planejamento. Alguns dos desenhos podem ser usados para fins mais específicos, como administrar uma reunião, persuadir um potencial cliente ou se comunicar de forma memorável.

Tabela 1: Uma visão geral alfabética dos modelos de desenhos e usos principais (•) e secundários (◦).

Modelo / USO	PLANEJAMENTO	REUNIÃO	VENDAS	ANÁLISE	COMUNICAÇÃO
Relógio da Agenda		•			
Desenho do Argumento		◦	◦	•	
Ponte	◦	•			•
Mapa Causal	◦			•	
Desenho Cômico	◦			•	
Mapa Conceitual					•
Árvore de Decisão	•			◦	
Mapa de Empatia	•		◦	•	
Pirâmide de Evidências	◦	•		•	
Espinha de Peixe	◦			•	
Fluxograma	•			◦	◦
Desenho de Fluxo				•	
Funil					•
Gráfico de Metas	•				
Controle de Agenda de Reunião		•			
Mapa Mental		•			
Trilha da Montanha	•				◦
Desenho de Negociação			•		
Caminhos para o Sucesso	•				
Estopim de Risco				•	
Mapa dos Riscos				•	
Iceberg da Causa Raiz				•	
Balanço de Vendas			•		
Cenariograma	•				
Marcações de Desenho					•
Rede Social			◦	•	
Espectro					
Mapa das Partes Interessadas	•				
Classificação das Partes Interessadas	•				
Tela da Estratégia				•	
Ponto Ideal				◦	
Raia de Natação	•			•	
SWOT				◦	
Mapa de Sinergias	•			•	
Linha do Tempo	•				

Também podemos distinguir os desenhos de acordo com a facilidade de uso (ou imediação) e popularidade (refletindo o uso atual do modelo de desenho nos negócios).

Essa segmentação mostra os "suspeitos usuais" no canto superior direito: o agora onipresente Mapa Mental, a muito popular matriz *SWOT* e as metáforas visuais usadas regularmente do *funil* e *iceberg*.

Esses modelos fornecem pontos de partida fáceis para criar desenhos em grupos. Eles não são, porém, as ferramentas universais de colaboração ou solução de problemas, e nós o incentivamos a também testar métodos populares mais ou menos complexos. Comece, por exemplo, com modelos simples e específicos como a *Relógio da Agenda* e passe lentamente para os mais elaborados como o desenho Mapas das Partes Interessadas ou o desenho Caminhos para o Sucesso.

Mas, sobretudo, recomendamos que você encontre seus modelos favoritos, que funcionam para seu contexto e estilo; e o convidamos a criar seus próprios modelos de desenho. Você pode encontrar sugestões e diretrizes sobre esse último ponto no Capítulo 6.

Figura 7: Uma segmentação dos desenhos com base na facilidade de uso e popularidade atual.

5.

CAIXA DE FERRAMENTAS:
MODELOS DE DESENHO ÚTEIS

Nas páginas a seguir, veremos uma grande variedade de modelos de desenho que você pode usar todos os dias para facilitar a comunicação e a colaboração de negócios ou apenas ajudá-lo a esclarecer suas ideias.

Cada página do modelo de desenho contém seis seções para facilitar referências e instruções:

1. Quando
Essa primeira seção descreve em que situações ou contextos gerenciais o desenho é mais bem utilizado.

2. Por quê
Essa seção descreve o principal benefício do desenho ou como ele agrega valor à discussão.

3. Como
Nessa seção principal, fornecemos instrução de uma única frase seguida por um procedimento passo a passo de como desenvolver e aperfeiçoar o desenho.

4. Quem
Aqui, identificamos os grupos profissionais com maior probabilidade de lucrar a partir do desenho com a ajuda do modelo. Eles variam de gerentes, líderes de equipe, especialistas em vendas, facilitadores, instrutores e consultores a conselheiros executivos.

5. O quê
Essa legenda modelo de desenho resume o conteúdo típico e o formato gráfico.

6. O que mais
Essa seção fornece ponteiros para outros modelos intimamente relacionados no livro ou para exemplos no capítulo sobre galeria.

Após a descrição de cada modelo, você encontrará uma página em branco. Essa página é sua base de prática para testar cada modelo. Tente reproduzir o desenho à esquerda usando seu próprio material como o conteúdo. Nessas páginas em branco você encontrará diferentes planos de fundos para suas próprias ilustrações (o que, esperamos, o convidem a criar suas próprias ilustrações). Eles variam de um guardanapo, um *flip chart*, um tablet PC a um pôster de fundo. A sugestão de fundo informa como o modelo pode ser tipicamente usado, embora não limite seu uso ao contexto descrito. Mas agora pare de ler, comece a navegar e, mais importante: comece a desenhar.

RELÓGIO DA AGENDA

Reunião

QUANDO   Há a necessidade de mostrar temas de reunião e a alocação de tempo.

POR QUÊ   Garantir que os participantes da reunião conheçam e respeitem o tempo designado para cada item de discussão.

COMO   Desenhe um grande círculo e o divida em fatias que representam o tempo dado para cada tópico da reunião.

1. Desenhe um grande círculo, visível a todos os participantes da reunião.
2. Determine temas da reunião e respectiva duração.
3. Escreva a melhor sequência dos tópicos em uma folha de papel separada.
4. Segmente o círculo em fatias de tópicos o mais próximo possível da escala. Escreva os itens da agenda ao lado das fatias correspondentes.
5. Marque os tópicos que foram discutidos e mantenha o dinamismo.

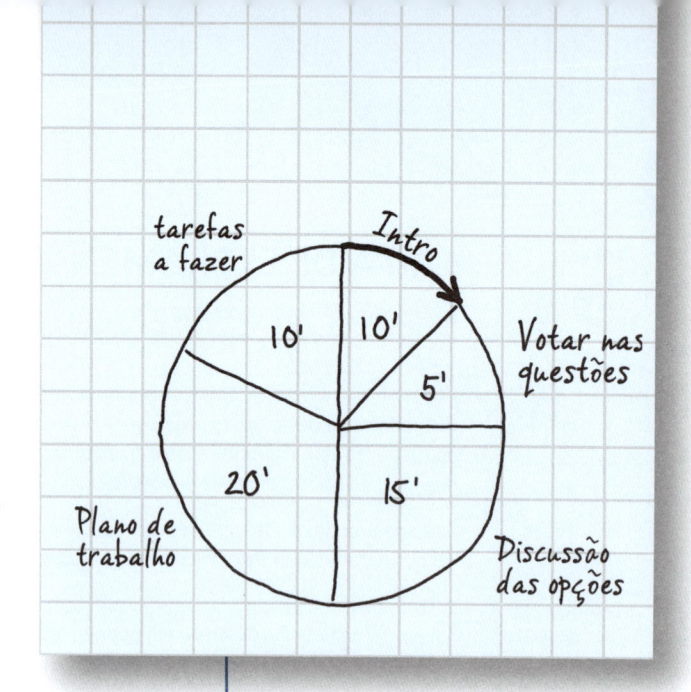

O QUÊ   A reunião é dividida em fatias por tópico de acordo com a sequência e tempo alocado.

QUEM   Facilitadores, líderes de equipe, instrutores

O QUE MAIS   Controle da Agenda da Reunião (p. 58)

RELÓGIO DA AGENDA

DESENHO DE ARGUMENTO

Análise, reunião, vendas

QUANDO Há a necessidade de avaliar soluções para um problema ou pergunta.

POR QUÊ Para estabelecer uma visão geral dos prós e contras das possibilidades de uma solução.

COMO Declare o problema. Liste todas as soluções possíveis. Defina os prós e contras e forneça fatos para dar suporte ao raciocínio.

1. Na margem esquerda, insira o problema ou a pergunta em uma caixa.
2. Considere todas as possíveis soluções ao problema e conecte cada uma com uma seta até a caixa, quanto mais forte a seta, maior o impacto.
3. Conecte os argumentos pró e contra de cada solução.
4. Se útil, insira fatos com setas adicionais para provar cada argumento.

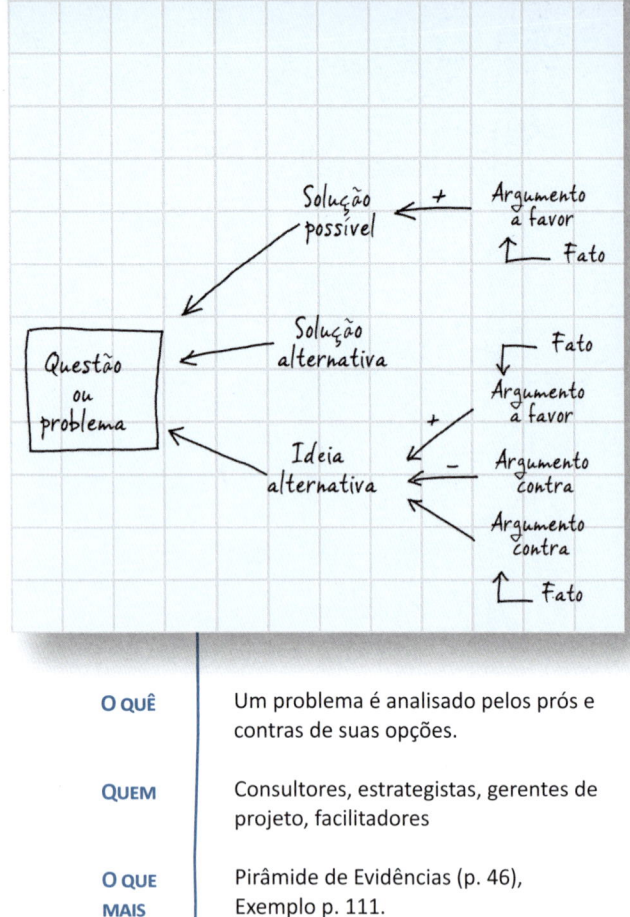

O QUÊ Um problema é analisado pelos prós e contras de suas opções.

QUEM Consultores, estrategistas, gerentes de projeto, facilitadores

O QUE MAIS Pirâmide de Evidências (p. 46), Exemplo p. 111.

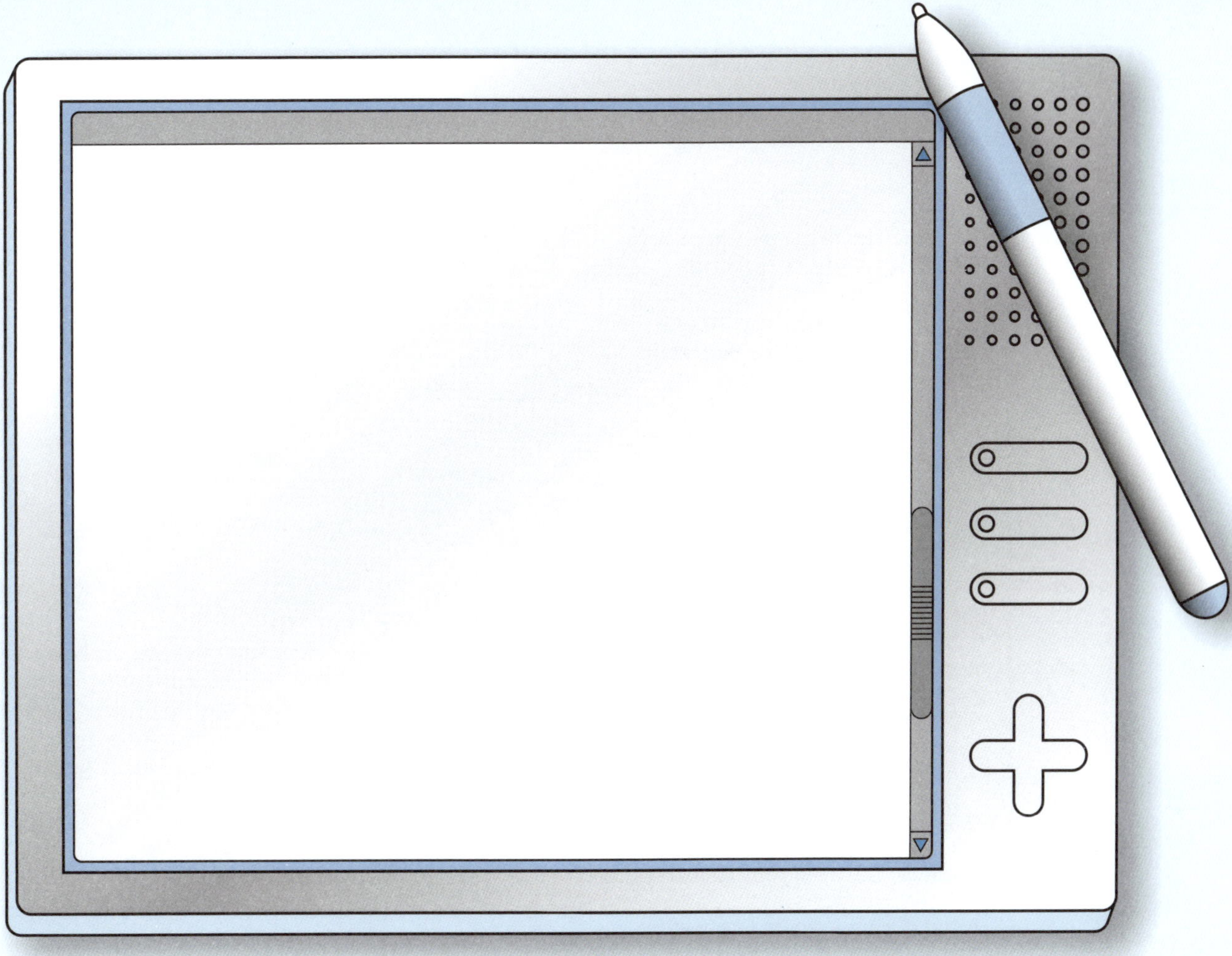

PONTE

Comunicação, reunião, planejamento

QUANDO
Há a necessidade de preencher a lacuna entre o estado atual e seu estado desejado.

POR QUÊ
Visualizar os elementos necessários para resolver um problema ou alcançar um objetivo.

COMO

Desenhe uma ponte. No lado esquerdo, descreva o estado atual, no outro, o objetivo desejado. Escreva passos fundamentais na ponte.

1. Desenhe uma ponte retangular com um arco de semicírculo.
2. À esquerda da ponte, descreva a situação atual.
3. À direita da ponte, descreva a situação desejada.
4. No arco, descreva as lacunas ou elementos ausentes.
5. Acima da ponte, liste os principais passos para alcançar o objetivo desejado.
6. Se útil, acima da ponte, adicione parapeitos para as diretrizes.
7. Nos degraus à esquerda, liste as atividades iniciais necessárias.
8. Nos degraus à direita, liste as atividades que simplificam a implementação.

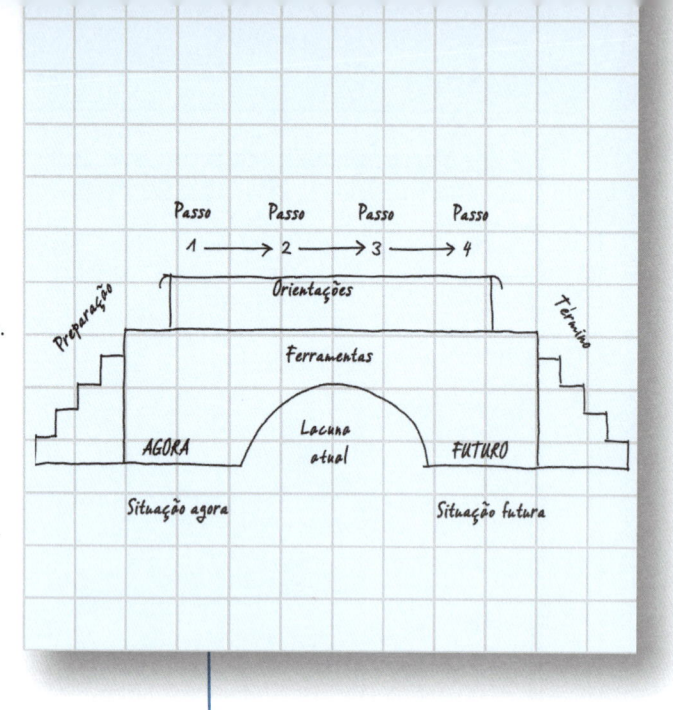

QUEM
A lacuna entre o estado atual e o estado futuro desejado é preenchida com degraus identificados.

QUEM
Chefes de equipe, gerentes de projeto, consultores, instrutores.

O QUE MAIS
Gráfico de Metas (p. 56),
Trilha da Montanha (p. 62),
Exemplo p. 111.

MAPA CAUSAL

Análise, planejamento

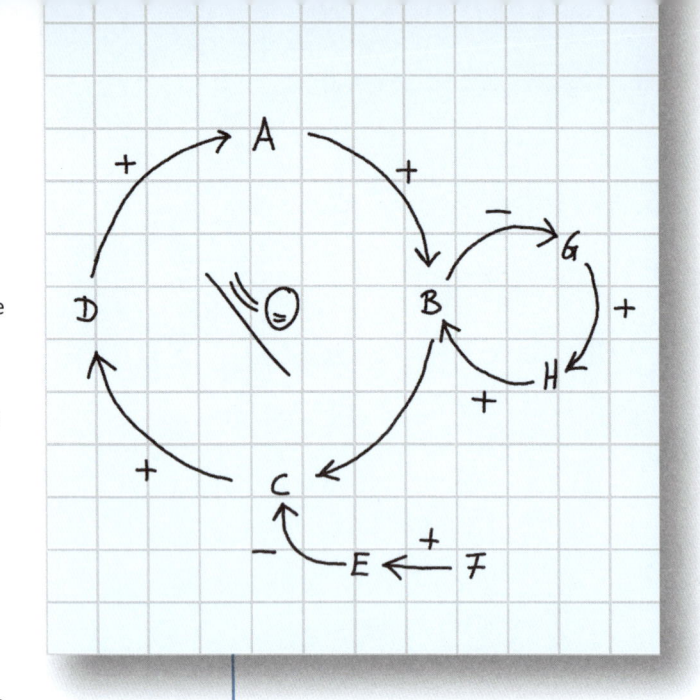

QUANDO Há a necessidade de analisar a dinâmica de certo fenômeno ou problema.

POR QUÊ Tomar iniciativa com base em uma compreensão clara dos principais ciclos causais e fatores influenciadores.

COMO Considere o principal objetivo que impulsiona diretamente o problema ou os negócios como um ciclo. Adicione outras influências a esse ciclo.

1. Pense no "motor" da questão. Qual é o ciclo central que impulsiona a questão? Desenhe esse ciclo causal principal no centro. Adicione um símbolo de avalanche para indicar que o ciclo se autorreforça.
2. Além disso, use sinal de adição (+) ou de subtração (–) para definir a qualidade de cada relação. Um sinal de adição (+) indica mais, um de subtração (–) indica menos, do ponto final resultante (+ = mais leva a mais, – = menos leva a mais).
3. Adicione mais fatores influenciadores ao ciclo principal.
4. Destaque ou sublinhe os elementos no ciclo que podem ser medidos e aqueles que você pode influenciar diretamente.

O QUÊ Um sistema dinâmico é explorado primeiro identificando o ciclo central e então adicionando os fatores influenciadores.

QUEM Analistas, planejadores, consultores, gerentes de riscos.

O QUE MAIS Mapa de Sinergias (p. 96), *Iceberg* da Causa Raiz (p. 72), Exemplo p. 112.

MAPA CAUSAL

DESENHO CÔMICO

Análise, planejamento

QUANDO   Há a necessidade de mostrar ou analisar um desenvolvimento por meio de fases distintas de mudança.

POR QUÊ   Mostrar a dinâmica da mudança e seu impacto ao longo do tempo.

COMO   Desenhe duas colunas de caixas com setas conectando de cima para baixo que mostrem diferentes estados ao longo do tempo. Use a coluna esquerda para mudança e a coluna direita para impacto.

1. Desenhe duas colunas de caixas e rotule-as no topo.
2. Conecte as caixas com as setas de cima para baixo.
3. No lado esquerdo, preencha as caixas com vários estados ao longo do tempo. No lado direito, preencha as caixas com seus respectivos impactos.
4. Se útil, enfatize elementos em cada caixa sombreando áreas importantes.

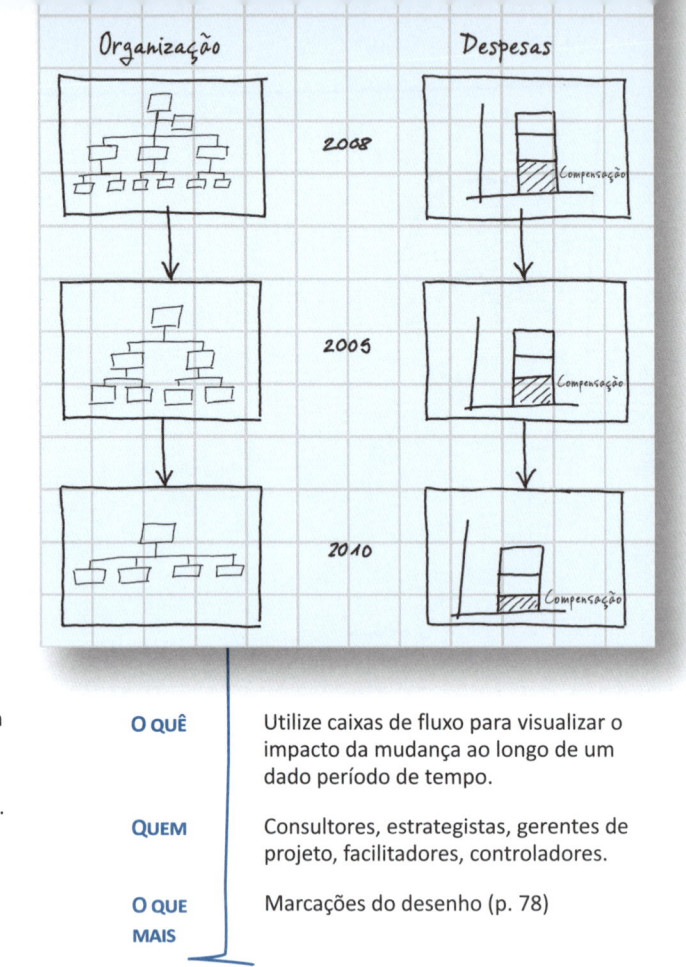

O QUÊ   Utilize caixas de fluxo para visualizar o impacto da mudança ao longo de um dado período de tempo.

QUEM   Consultores, estrategistas, gerentes de projeto, facilitadores, controladores.

O QUE MAIS   Marcações do desenho (p. 78)

MAPA CONCEITUAL

Comunicação

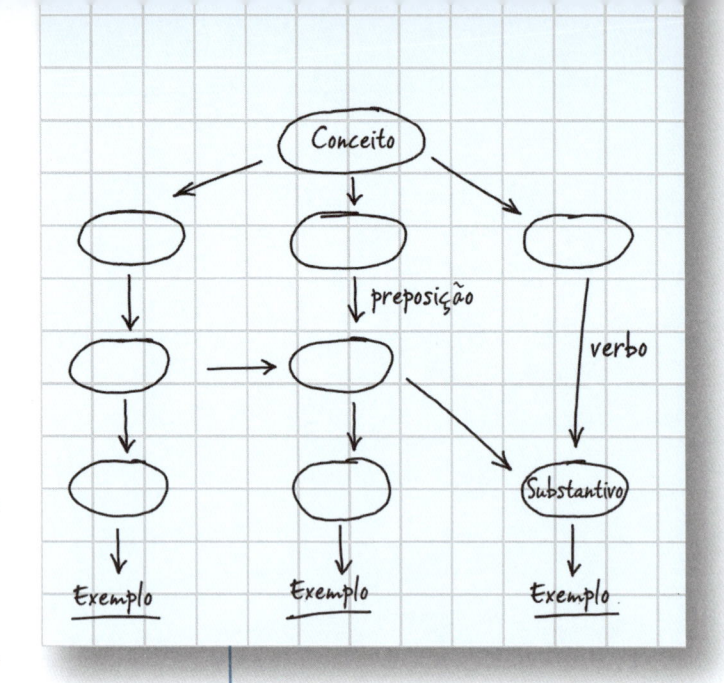

QUANDO	Há a necessidade de esclarecer um conceito ou uma ideia complexos.
POR QUÊ	Visualizar componentes, relações e exemplos de um conceito.
COMO	Comece com um substantivo para o conceito principal. Desenvolva frases explicativas simples, conectando substantivos em balões e setas representando verbos e preposições.

1. Circule o tema principal no topo da página.
2. Desenhe setas ligando o conceito principal aos conceitos de apoio. Rotule as setas com um verbo que explica a conexão, por exemplo, "é um" ou "consiste em".
3. Continue a gerar frases de cima para baixo legíveis a partir do conceito principal para o subconceito mais baixo.
4. Dê um exemplo concreto na parte inferior de cada frase.
5. Se útil, adicione setas ao longo das diferentes sentenças verticais para criar associações adicionais entre os elementos chave do conceito.

O QUÊ	Um conceito é explicado com substantivos separados como balões, enquanto verbos e preposições são representados como setas de conexão.
QUEM	Consultores, estrategistas, instrutores.
O QUE MAIS	Desenho de argumento (p. 32), Gráfico de Metas (p. 56), Exemplo p. 113.

ÁRVORE DE DECISÃO

Planejamento, análise

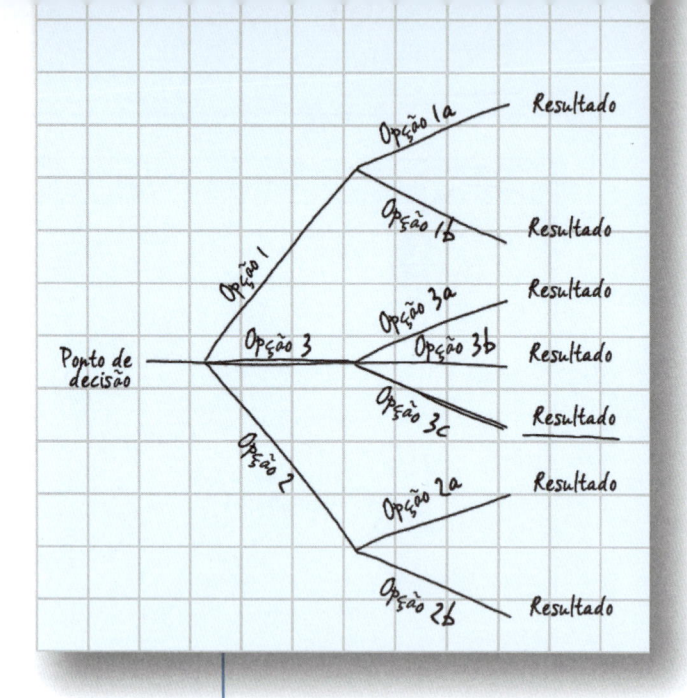

QUANDO Há a necessidade de comparar as consequências das diferentes decisões, ou explorar as opções resultantes.

POR QUÊ Visualizar todas as possíveis decisões alternativas e suas implicações.

COMO Desenhe uma árvore horizontal que lista as principais decisões alternativas. Desenhe as opções seguintes em cada ramo.

1. Da esquerda para a direita, identifique seu ponto de decisão atual e as principais opções.
2. Para cada opção principal, adicione opções ou variações à subdecisão.
3. Se necessário, insira subopções adicionais.
4. Com base em evidências atuais, destaque as opções que parecem ser as melhores.

O QUÊ Uma estrutura de árvore horizontal que fornece uma visão geral sobre todas as opções disponíveis, suas implicações e alternativas.

QUEM Analistas, planejadores, investidores, estrategistas.

O QUE MAIS Caminhos para o sucesso (p. 66), Exemplo p. 113.

ÁRVORE DE DECISÃO

MAPA DE EMPATIA

Comunicação, vendas

QUANDO — Há a necessidade de analisar a maneira de pensar de uma pessoa ou um grupo.

POR QUÊ — Ser mais convincente ao se comunicar com uma pessoa ou um grupo.

COMO — Colete fatos sobre o que essa pessoa, ou grupo, é: ouça, veja, pense e sinta um problema.

1. Desenhe um perfil com um nariz, boca, ouvidos e olhos.
2. Estenda as linhas a partir de cada seção do perfil e rotule-as respectiva-mente: Sentir, ouvir, pensar ver e dizer.
3. Defina as características dessa pessoa, ou grupo, nas seções correspondentes.
4. Defina palavras-chave ou argumentos que possam criar a comunicação mais convincente para essa pessoa ou grupo.

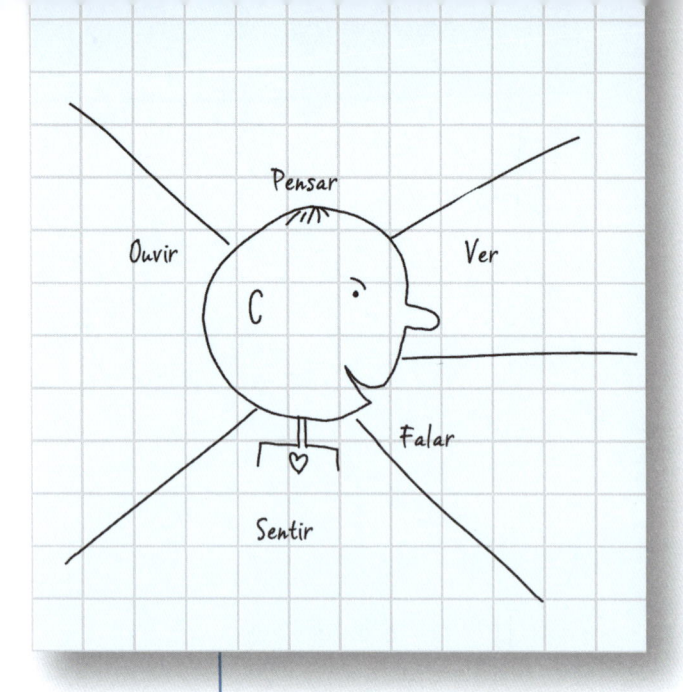

QUEM — Os pensamentos de uma pessoa-alvo, ou grupo-alvo, são analisados usando categorias simples sobre o que elas sentem, ouvem, pensam, veem e dizem. (Fonte: Dave Gray, Dachis Group)

QUEM — Consultores, estrategistas, equipe de vendas, gerentes, comunicadores.

O QUE MAIS — Capítulo "Estudo de caso" p. 15, Exercício p. 121.

MAPA DE EMPATIA

PIRÂMIDE DE EVIDÊNCIAS

Reuniões, análise, planejamento

QUANDO Há a necessidade de esclarecer as informações básicas disponíveis para tomar decisões e definir uma ação concreta.

POR QUÊ Fundamentar decisões e ações resultantes sobre todas as informações disponíveis.

COMO Desenhe uma pirâmide de três níveis e insira informações na parte inferior, as decisões tomadas no meio e as ações necessárias no topo.

1. Desenhe uma pirâmide de três níveis.
2. De baixo para cima, defina cada nível: Informações, decisões e ação.
3. No nível das informações, use palavras-chave para capturar as informações atualmente discutidas.
4. No nível das decisões, capture as decisões a serem tomadas com base em evidências a partir das informações.
5. No nível da ação, defina pelo menos um passo para implementar, com base nas decisões tomadas.

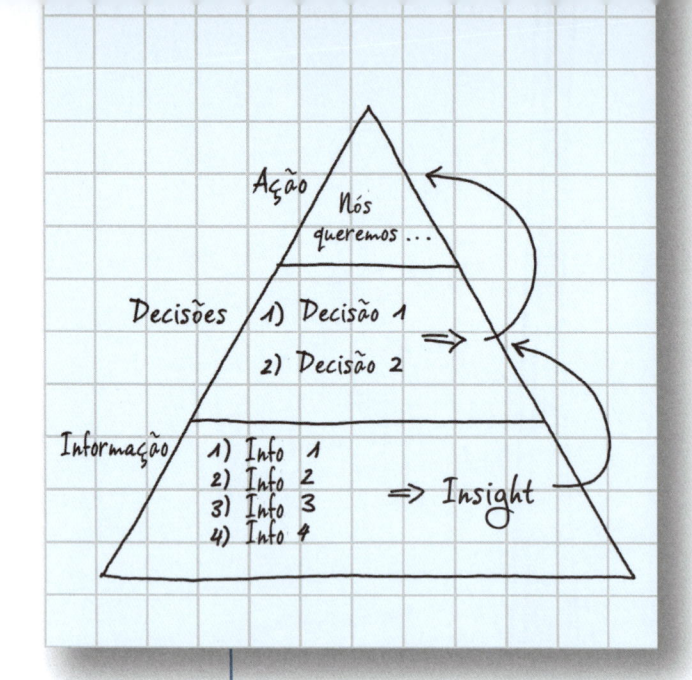

O QUÊ A pirâmide de três níveis usa as informações disponíveis para decisões a serem tomadas e a principal ação a ser tomada.

QUEM Chefes de equipe, líderes de projeto, consultores.

O QUE MAIS Desenho do argumento (p. 32), Gráfico de Metas (p. 56).

PIRÂMIDE DE EVIDÊNCIAS

ESPINHA DE PEIXE

Análise, planejamento

QUANDO — Há a necessidade de identificar as possíveis ou as reais causas de um problema ou risco.

POR QUÊ — Estar ciente de todos os riscos ou problemas possíveis para que as soluções possam ser implementadas.

COMO — Desenhe uma seta com o problema na ponta. Liste todas as causas do problema nos ramos 5 a 6.

1. Na margem direita, defina o problema ou risco.
2. Desenhe uma seta a partir da margem esquerda até o problema.
3. Adicione 5 a 6 linhas diagonais à seta.
4. Classifique-as como categorias causais, por exemplo, feito pelo homem, máquina, material, ambiente, método e mídia.
5. Detalhe cada ramo com um problema real ou potencial ou causas de risco nessa categoria.
6. Enfatize visualmente os riscos mais importantes.

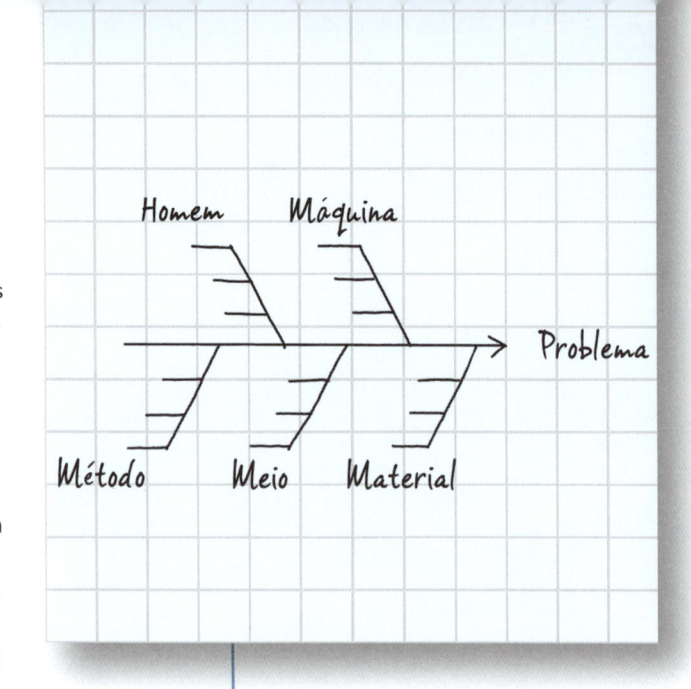

O QUÊ — Um problema ou risco é analisado de acordo com suas causas possíveis ou reais.

QUEM — Consultores, gerentes de projeto, gerentes de riscos, analistas de riscos.

O QUE MAIS — Estopim de Risco (p. 68), Mapa dos Riscos (p. 70), SWOT (p. 94). Capítulo "Estudo de caso" p. 14.

ESPINHA DE PEIXE

FLUXOGRAMA

Planejamento, análise, comunicação

QUANDO	Há a necessidade de projetar, analisar, melhorar ou explicar um fluxo de trabalho.
POR QUÊ	Visualizar as principais etapas, pontos de decisão e saídas de um fluxo de trabalho sequencial.
COMO	Desenhe caixas para as atividades e losangos para decisões sim/não e posicione esses objetos na sequência adequada. Associe-as com setas apontando de cima para baixo.

1. Comece no topo com a primeira caixa de atividade do fluxo de trabalho.
2. Vincule essa primeira caixa com a próxima etapa no fluxo de trabalho.
3. Continue até que o fluxo de trabalho se ramifique em uma decisão. Ilustre o ponto de decisão com um losango.
4. Continue o fluxo de trabalho depois do ponto de decisão até a atividade final. Os pontos podem ser unidos mais tarde.
5. Insira o resultado final do fluxo de trabalho na parte inferior.

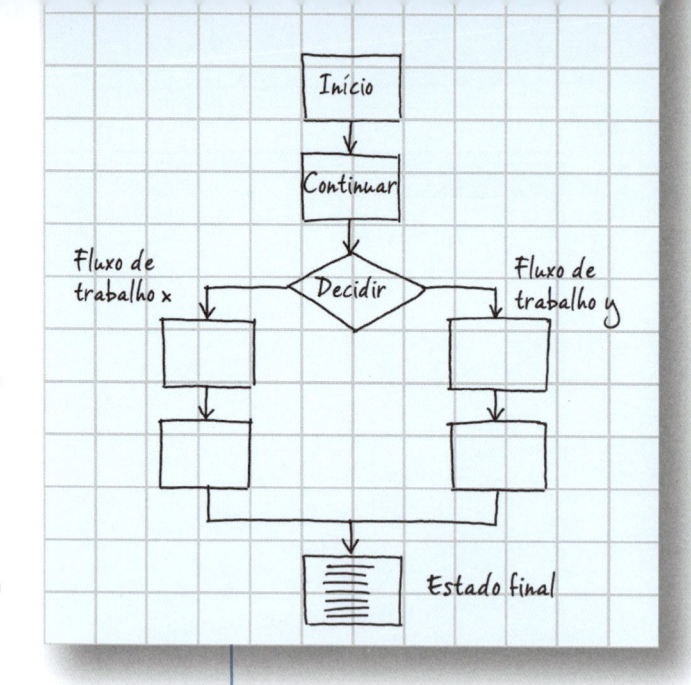

O QUÊ	Um processo é mapeado sequencialmente incluindo os principais fatores de decisão e os documentos de saída.
QUEM	Consultores, estrategistas, gerentes de projeto, profissionais de TI.
O QUE MAIS	Raia de Natação (p. 92), Linha do Tempo (p. 98).

FLUXOGRAMA

DESENHO DE FLUXO

Análise

QUANDO Há a necessidade de analisar a circulação de mercadorias ou dinheiro entre os diferentes protagonistas em um mercado.

POR QUÊ Definir as contribuições e as interdependências entre os principais protagonistas em determinado contexto.

COMO Identifique os principais protagonistas e posicione-os livremente em uma página. Conecte-os com setas para indicar o fluxo de mercadorias, dinheiro ou outros itens.

1. Indique os principais protagonistas (A, B, C).
2. Conecte-os por meio de setas.
3. Faça a espessura da seta representar a quantidade de dinheiro ou mercadorias transferidas para outros protagonistas. Use pontas de seta para indicar o sentido do fluxo.
4. Coloque protagonistas adicionais menos importantes fora do polígono principal.

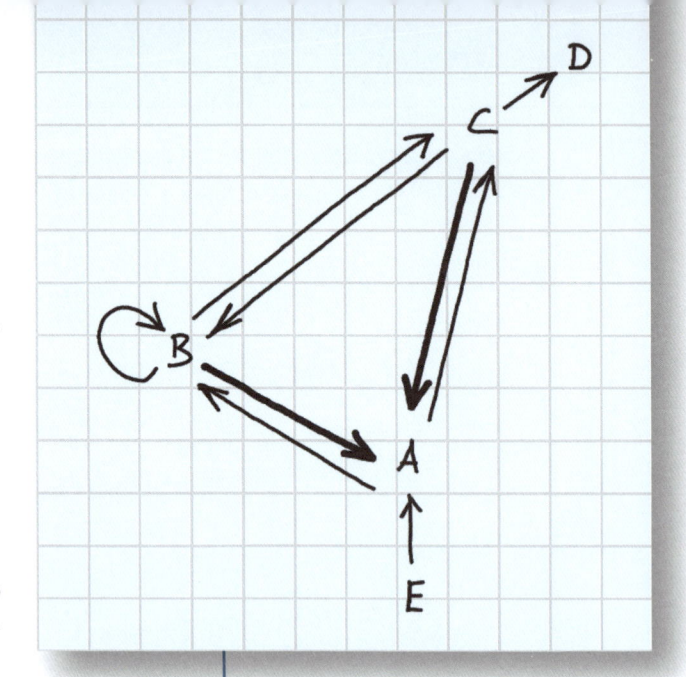

O QUÊ O fluxo de informações, mercadorias ou dinheiro entre as diferentes partes interessadas é ilustrado.

QUEM Equipe de vendas, CEOs, gerentes de compra, analistas financeiros.

O QUE MAIS Mapa Causal (p. 36), Rede Social (p. 80), Exemplo p. 113.

FUNIL

Comunicação

QUANDO   Há a necessidade de mostrar o processo de seleção ou a eliminação que converte várias entradas em uma saída.

POR QUÊ   Explicar como a seleção ou modificação permite que as entradas sejam transformadas em uma saída mais valorizada.

COMO   Desenhe uma pirâmide invertida com um tubo aberto. Divida a pirâmide no número de passos necessários.

1. Desenhe um funil como uma pirâmide invertida com um tubo aberto.
2. Divida o funil em diferentes níveis, com base no número de passos que têm de ser mostrados.
3. No topo do funil, escreva os fatores de entrada, por exemplo, candidatos, perspectivas de vendas, ideias etc.
4. Na parte inferior do funil, escreva a saída ou o resultado desejado.
5. No meio, descreva os passos necessários para o processo de transformação ou seleção.
6. Se útil, adicione critérios de seleção ou eliminação no lado do funil.

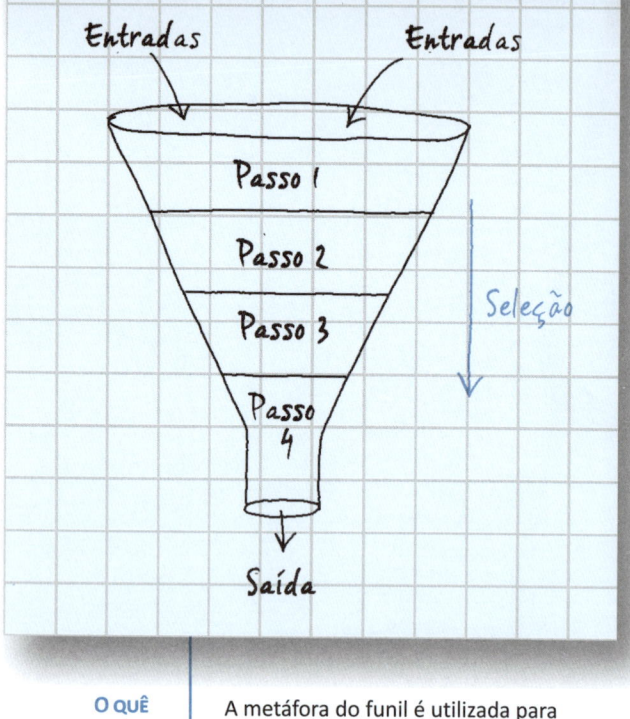

O QUÊ   A metáfora do funil é utilizada para selecionar ou eliminar entradas a fim de melhorar a saída final.

QUEM   Gerentes de marketing, funcionários de RH, analistas, investidores.

O QUE MAIS   Ponte (p. 34), Raia de Natação (p. 92).

GRÁFICO DE METAS

Planejamento

QUANDO · Há a necessidade de alcançar um objetivo maior, individualmente ou em grupos.

POR QUÊ · Para criar um entendimento comum sobre os componentes, etapas e esforços necessários para alcançar um objetivo maior.

COMO · Divida um dos principais objetivos em vários subobjetivos. Mapeie as atividades necessárias para alcançar os subobjetivos.

1. Defina o objetivo principal em uma caixa na parte superior da página.
2. Divida o objetivo principal abaixo em caixas de subobjetivos.
3. Abaixo de cada subobjetivo, liste as atividades necessárias para sua realização.
4. Se útil, desenhe setas para indicar as interdependências entre as atividades.
5. As atividades concluídas e subobjetivos podem ser marcadas.

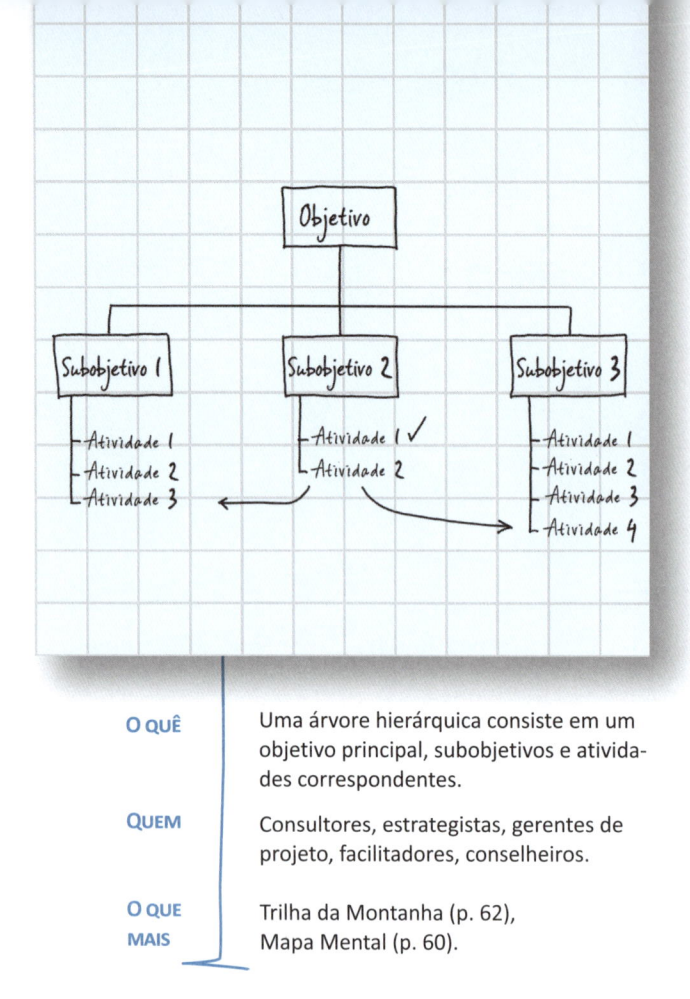

O QUÊ · Uma árvore hierárquica consiste em um objetivo principal, subobjetivos e atividades correspondentes.

QUEM · Consultores, estrategistas, gerentes de projeto, facilitadores, conselheiros.

O QUE MAIS · Trilha da Montanha (p. 62), Mapa Mental (p. 60).

GRÁFICO DE METAS

CONTROLE DA AGENDA DA REUNIÃO

Reunião

QUANDO
Há a necessidade de planejar, manter ou documentar uma reunião.

POR QUÊ
Visualizar o objetivo da reunião e os passos necessários para alcançar esse objetivo.

COMO
Desenhe uma seta de cima para baixo e escreva o objetivo da reunião na parte inferior da página. Liste pontos da agenda da reunião, bem como o tempo alocado e a decisão exigida.

1. Na margem esquerda, desenhe uma seta vertical fina.
2. Escreva o principal objetivo da reunião na parte inferior.
3. Marque a linha do tempo da agenda com um balão para cada item da agenda. Escreva o item da agenda à direita da linha do tempo. Adicione colunas para questões e decisões.
4. À esquerda da linha do tempo, escreva o tempo alocado para cada item da agenda.
5. Para mostrar o progresso da reunião, destaque essa parte da seta e marque os itens da agenda em seus balões.

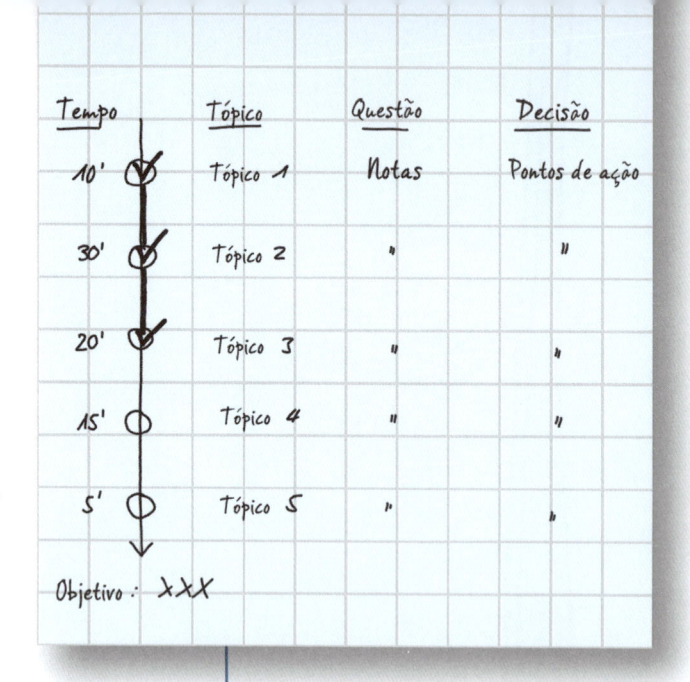

O QUÊ
Os principais objetivos e marcos de uma reunião são visualizados em uma linha do tempo vertical.

QUEM
Líderes de projetos, líderes de equipe, facilitadores, instrutores.

O QUE MAIS
Relógio da agenda (p. 30), Capítulo "Estudo de caso" p. 13.

MAPA MENTAL

Reunião

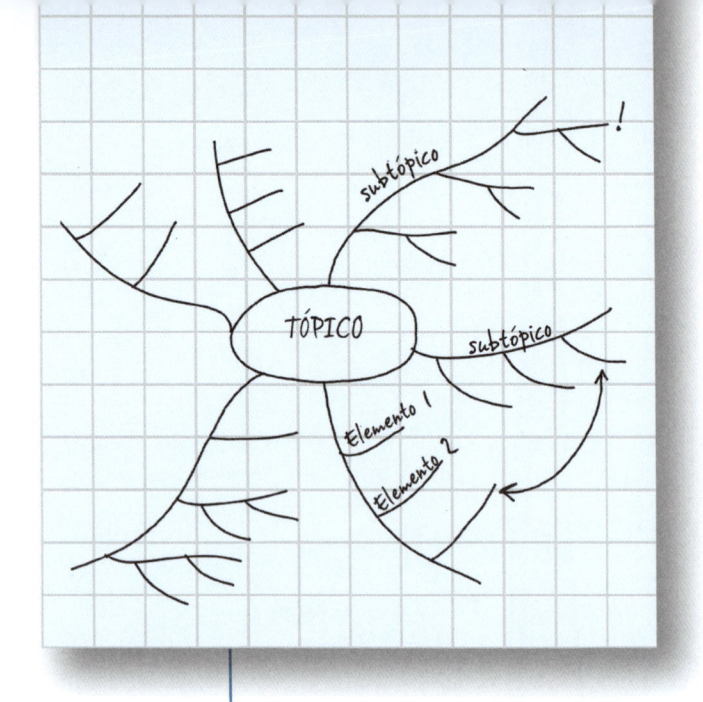

QUANDO	Há a necessidade de coletar e estruturar rapidamente ideias ou itens em uma hierarquia.
POR QUÊ	Fornecer uma visão geral de uma série de ideias, problemas, questões e escolhas emergentes.
COMO	Desenhe um círculo no centro de uma página com o tema principal e os ramos dos subtemas e elementos relacionados.

1. Desenhe um círculo no centro de uma página e escreva o tema principal do mapa mental no círculo.
2. Desenhe ramos que se estendem do círculo para cada subtema.
3. Rotule cada ramo sem tocar a linha.
4. Quando necessário, adicione sub-ramos a cada linha e notas ou elementos adicionais.
5. Se útil, adicione links entre os temas desenhando setas de relacionamento.
6. Para tornar o mapa mental ainda mais memorável, use cores e adicione símbolos para notas ou temas específicos.

QUEM	Um tema é explorado adicionando hierarquicamente subtemas e elementos.
QUEM	Consultores, estrategistas, gerentes de projeto, facilitadores, instrutores.
O QUE MAIS	Mapa conceitual (p. 40), Mapa das Partes Interessadas (p. 84), Gráfico de Metas (p. 56).

MAPA MENTAL

TRILHA DA MONTANHA

Planejamento, comunicação

QUANDO — Há a necessidade de definir as etapas e os obstáculos para alcançar um objetivo de médio ou longo prazo.

POR QUÊ — Ilustrar o que precisa ser feito para alcançar um objetivo comum.

COMO — Desenhe o pico de uma montanha com três linhas diagonais que convergem no topo. Desenhe um caminho curvo até o topo. Posicione os marcos e os obstáculos no caminho.

1. Desenhe uma montanha com três linhas convergentes.
2. Desenhe uma pequena bandeira no topo da montanha.
3. Desenhe um caminho curvo até o topo.
4. Posicione e rotule os marcos chave ao longo do caminho.
5. Se útil, insira barreiras como obstáculos ou lacunas ao longo do caminho.

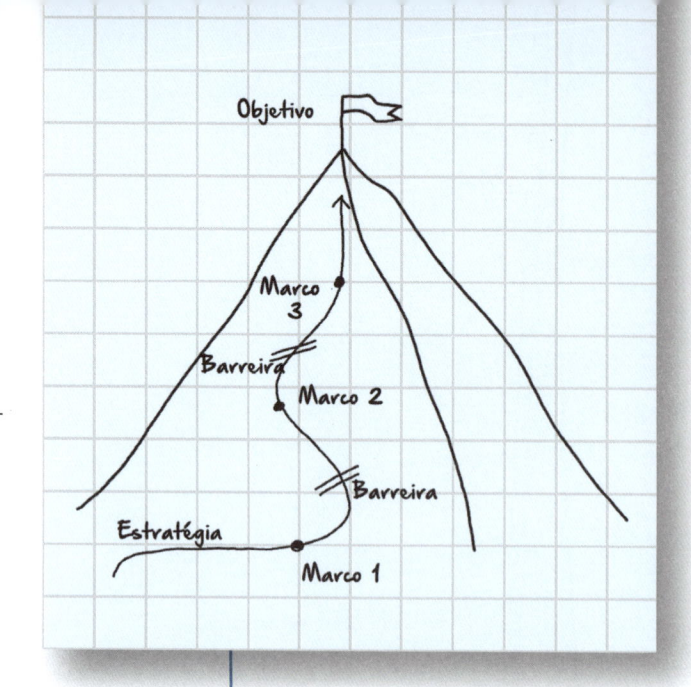

O QUÊ — Um objetivo de médio ou longo prazo é dividido em marcos por meio de metáfora de Trilha da Montanha.

QUEM — Consultores, estrategistas, gerentes de projeto, facilitadores, instrutores.

O QUE MAIS — Ponte (p. 34).

TRILHA DA MONTANHA

DESENHO DE NEGOCIAÇÃO

Vendas

QUANDO

Há a necessidade de compartilhar pontos de concordância e discordância com o parceiro de negociação.

POR QUÊ

Encontrar facilmente uma base comum tornando mais visíveis os termos de negociação Muito Importantes e Não Tão Importantes.

COMO

Desenhe dois círculos sobrepostos. Nos círculos, posicione os termos de negociação de acordo com a importância relativa. Insira interesses comuns na seção sobreposta.

1. Desenhe dois círculos grandes.
2. Rotule os círculos como Você e Eu, ou Sua Posição e Minha Posição.
3. Escreva o interesse comum das duas partes na seção sobreposta, defina o que ambas querem alcançar juntas.
4. Preencha as seções separadas dos círculos inserindo suas necessidades e as do parceiro. Insira as necessidades que são Muito Importantes na metade superior de cada círculo e as Não Tão Importantes na metade inferior de cada círculo.
5. Identifique as maneiras como as diferentes necessidades podem ser reconciliadas e transferidas para a seção sobreposta.

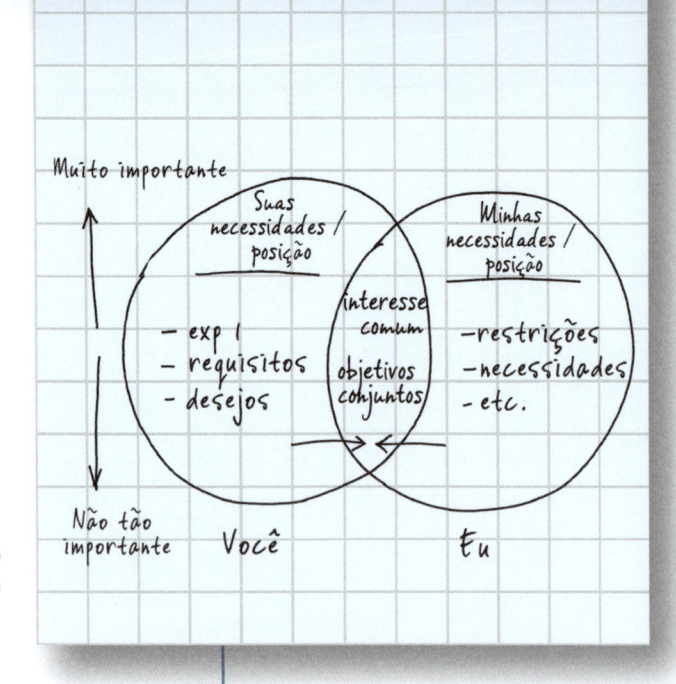

O QUÊ

Um diagrama de Venn captura os termos de negociação acordados e não acordados.

QUEM

Equipe de vendas, negociadores.

O QUE MAIS

Balanço de Vendas (p. 74).

65

DESENHO DE NEGOCIAÇÃO

CAMINHOS PARA O SUCESSO

Planejamento

QUANDO Há a necessidade de descobrir maneiras novas e criativas de superar os obstáculos e alcançar um objetivo.

POR QUÊ Para criar novas opções, ideias inovadoras e planos alternativos.

COMO Desenhe o *status quo* e o objetivo desejado como dois pontos. Insira grandes blocos obstáculos entre eles. Desenhe múltiplos caminhos para o objetivo. Discuta novas opções para alcançar seu objetivo.

1. Insira o *status quo* no canto inferior esquerdo.
2. Insira o objetivo no canto superior direito.
3. Defina obstáculos no meio e rotule-os.
4. Crie ou discuta caminhos entre o *status quo* e o objetivo.
5. Considere caminhos indiretos e objetivos substitutos.

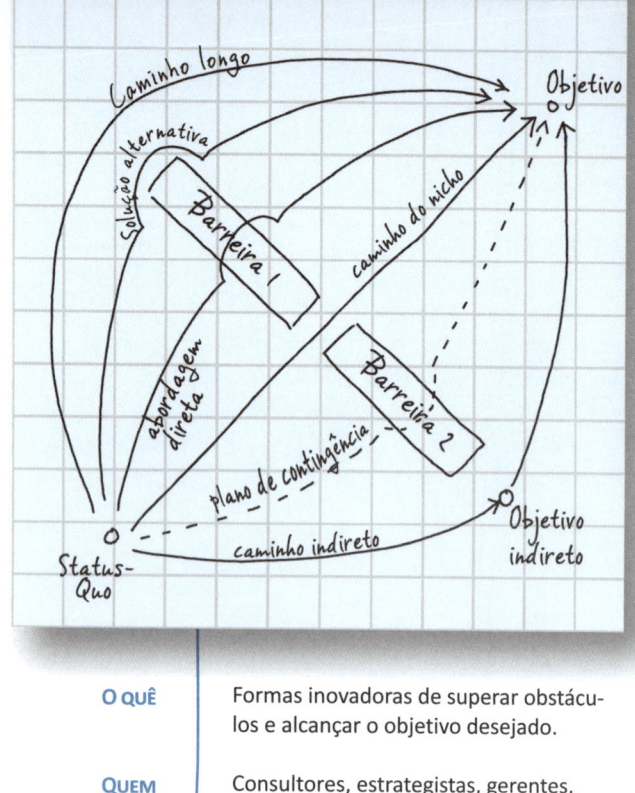

O QUÊ Formas inovadoras de superar obstáculos e alcançar o objetivo desejado.

QUEM Consultores, estrategistas, gerentes, facilitadores, conselheiros.

O QUE MAIS Árvore de decisão (p. 42), Trilha da Montanha (p. 62), Exemplo p. 114.

CAMINHOS PARA O SUCESSO

ESTOPIM DE RISCO

Análise

QUANDO   Há a necessidade de compreender melhor um risco e desenvolver ações mitigadoras.

POR QUÊ   Definir as causas, resultados e estratégias de mitigação de um risco.

COMO   Desenhe uma bomba com diferentes estopins como os fatores de risco. Desenhe os objetos do impulsionador de cada risco para os efeitos nocivos e tesouras para os mitigadores de risco.

1. Desenhe uma bomba rotulada com o risco a ser analisado.
2. Adicione diferentes estopins para representar as causas ou impulsionadores do risco. Quanto mais longo o estopim do impulsionador do risco, mais tempo existe para reagir.
3. Adicione uma chama a cada estopim. Quanto maior a chama, mais provável a materialização do risco.
4. Adicione uma tesoura para mostrar medidas preventivas.
5. Adicione objetos como vasos, copos e taças de vinho para mostrar o que pode estar em jogo se o risco acontecer.

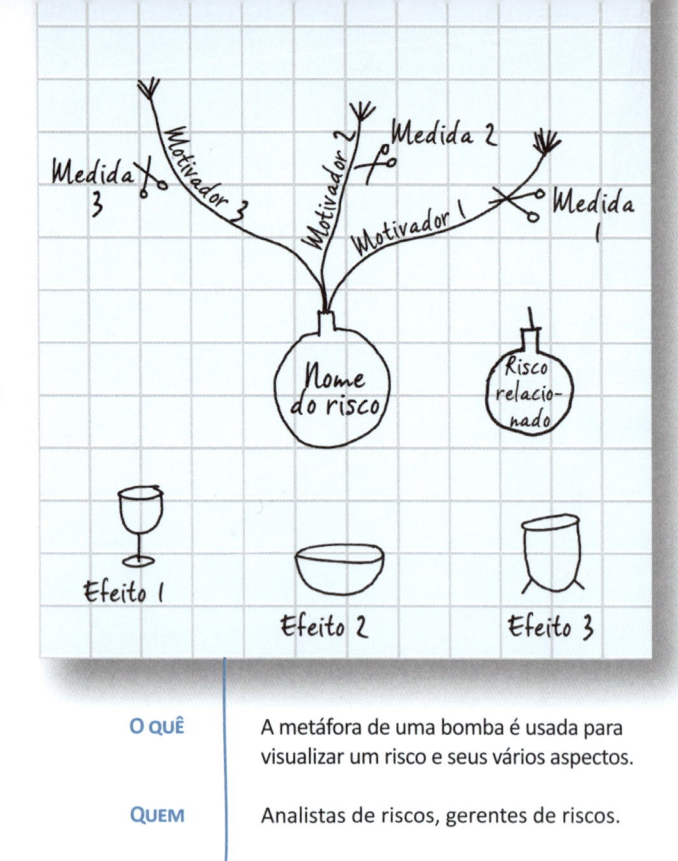

O QUÊ   A metáfora de uma bomba é usada para visualizar um risco e seus vários aspectos.

QUEM   Analistas de riscos, gerentes de riscos.

O QUE MAIS   Mapa dos Riscos (p. 70), SWOT (p. 94), Espinha de Peixe (p. 48), Exemplo p. 114.

MAPA DOS RISCOS

Análise

QUANDO Há a necessidade de ter uma visão geral de todos os potenciais riscos que podem afetar uma organização.

POR QUÊ Visualizar a probabilidade e o impacto dos potenciais riscos em operações ou organizações específicas.

COMO Desenhe uma matriz 2x2 com base na probabilidade e impacto. Preencha a matriz com os potenciais riscos.

1. Desenhe uma matriz 2x2 simples.
2. Rotule o lado esquerdo como Probabilidade e a parte inferior como Impacto.
3. Insira os riscos nessa estrutura.
4. Desenhe círculos maiores para riscos com maior previsibilidade e círculos menores para riscos com menor previsibilidade.
5. Conecte os riscos relacionados com setas.
6. Marque os riscos que já foram mitigados (isto é, por meio de seguro ou outros meios).

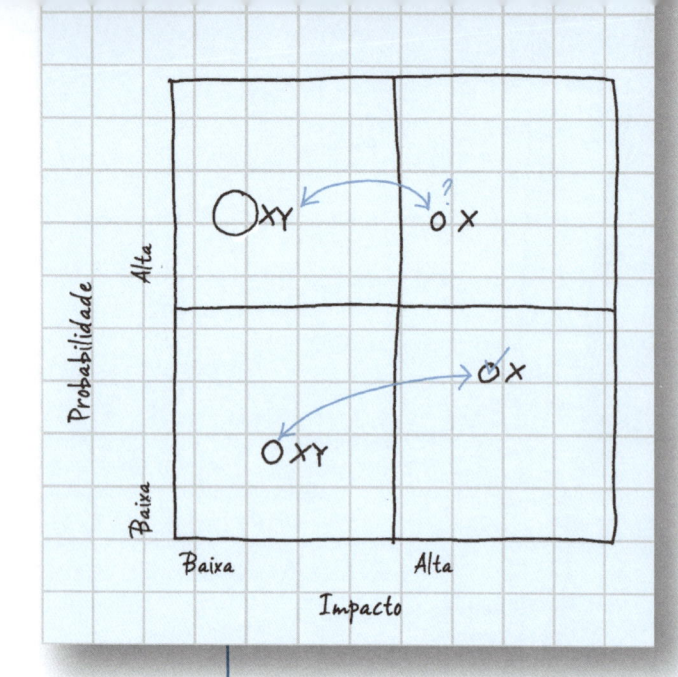

O QUÊ Os riscos atuais de uma organização são identificados e posicionados de acordo com seu impacto e probabilidade.

QUEM Consultores, estrategistas, gerentes de projeto, facilitadores.

O QUE MAIS Espinha de Peixe (p. 48), Estopim do Risco (p. 68).

ICEBERG DA CAUSA RAIZ

Análise

QUANDO | Há a necessidade de descobrir as causas raiz de um problema.

POR QUÊ | Para identificar as causas invisíveis de um problema reconstituindo suas causas raiz.

COMO | Desenhe um *iceberg* na água de modo que a ponta mostre o problema e a parte abaixo da linha d'água mostre suas causas.

1. Na terça parte superior da página, desenhe uma linha ondulada representando a linha d'água.
2. Desenhe um triângulo, representando o *iceberg*. Use os dois terços do *iceberg* abaixo da linha d'água para indicar que a maior parte do problema está invisível.
3. Rotule o problema acima da linha d'água.
4. Abaixo da linha d'água, defina as causas e as causas raiz do problema. Use setas para conectar o problema às causas e causas raiz.

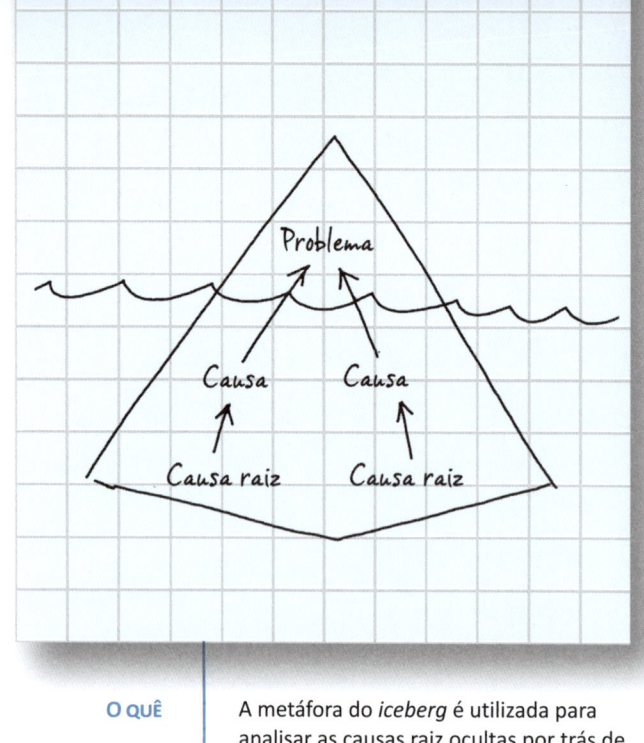

O QUÊ | A metáfora do *iceberg* é utilizada para analisar as causas raiz ocultas por trás de um problema visível.

QUEM | Líderes de projeto e equipe, analistas.

O QUE MAIS | Mapa Causal (p. 36).

ICEBERG DA CAUSA RAIZ

BALANÇO DE VENDAS

Vendas

QUANDO — Há a necessidade de convencer um potencial cliente (ou parte interessada) de que um produto vale o preço.

POR QUÊ — Ilustrar os benefícios de um produto em relação ao seu preço ou custo.

COMO — Desenhe uma balança com cestas rotuladas Benefícios e Preço (ou Custo). Mostre o que pode fazer pender a balança.

1. Desenhe uma balança. Rotule a cesta esquerda Recursos e Benefícios e a cesta direita Preço (ou, alternativamente, Custo).
2. À esquerda, liste os recursos e benefícios de seu produto para mostrar por que o produto vale seu preço.
3. Quando o cliente exige menor preço ou recursos adicionais, mostre como isso faz a balança perder o equilíbrio.
4. Apresente ao cliente adições que tornam a oferta tão mais atraente ou menos cara que não afetarão o equilíbrio.

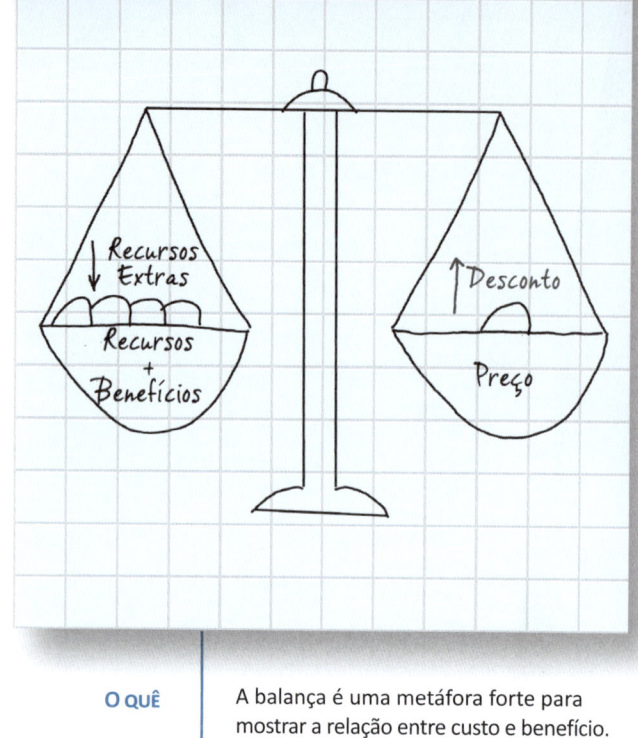

O QUÊ — A balança é uma metáfora forte para mostrar a relação entre custo e benefício.

QUEM — Equipe de vendas, negociadores.

O QUE MAIS — Desenho de negociação (p. 64).

CENARIOGRAMA

Planejamento

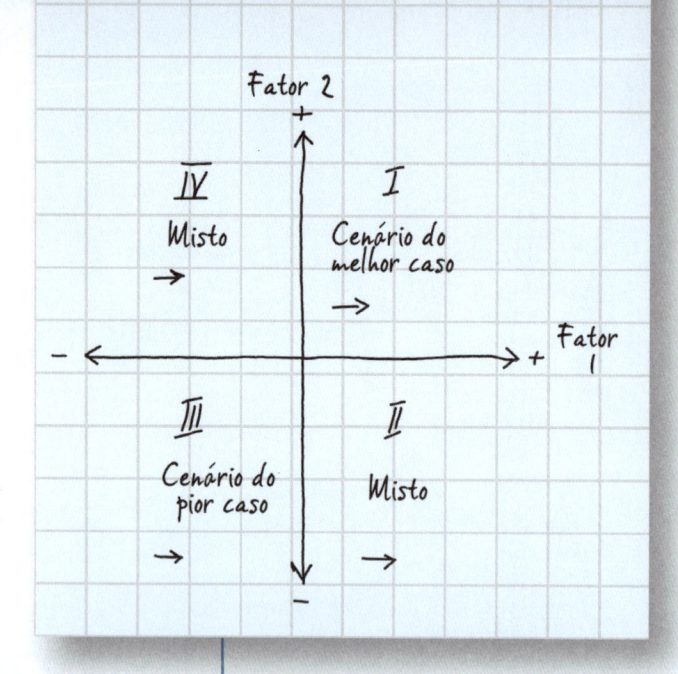

QUANDO Há a necessidade de identificar possíveis avanços e discutir o impacto.

POR QUÊ Considerar diferentes cenários futuros.

COMO Escolha duas variáveis importantes para qualquer cenário futuro e mapeie-as em eixos X e Y, cada um com polos positivos + e negativos (–). Descreva os resultados de cada cenário.

1. Desenhe um sistema de coordenadas cartesianas simples.
2. Coloque (+) no lado superior e no lado direito dos polos e (–) nos polos no lado inferior e no lado esquerdo.
3. Identifique os eixos com os termos significativos, como Desenvolvimento Econômico ou Força do Concorrente.
4. No Quadrante I, defina o melhor cenário com base nos dois fatores (+). No quadrante III, defina o pior cenário com base nos dois fatores (–). Nos quadrantes II e IV, defina os cenários mistos. Analise o impacto de cada cenário os seus planos, metas e estratégias.

O QUÊ Quatro possíveis estados futuros são descritos ao comparar os resultados positivos e negativos.

QUEM Planejadores, analistas, estrategistas.

O QUE MAIS Espectro (p. 82), Exemplo p. 115.

CENARIOGRAMA

MARCAÇÕES DE DESENHO

Comunicação

QUANDO | Há a necessidade de trabalhar em conjunto sobre gráficos quantitativos.

POR QUÊ | Aumentar o valor dos gráficos quantitativos e permitir que os membros da equipe mantenham o foco em questões importantes.

COMO | Expanda o valor dos gráficos usando anotação direta para complementar ou enfatizar contribuições verbais.

- Adicione linhas de tendência para enfatizar avanços.
- Conecte meses ou valores para mostrar comparação.
- Enfatize os valores importantes com círculos.
- Faça um desenho dos cenários e indique possíveis avanços futuros.
- Capture decisões, votos e opções emergentes no gráfico.
- Se possível, use símbolos para enfatizar.

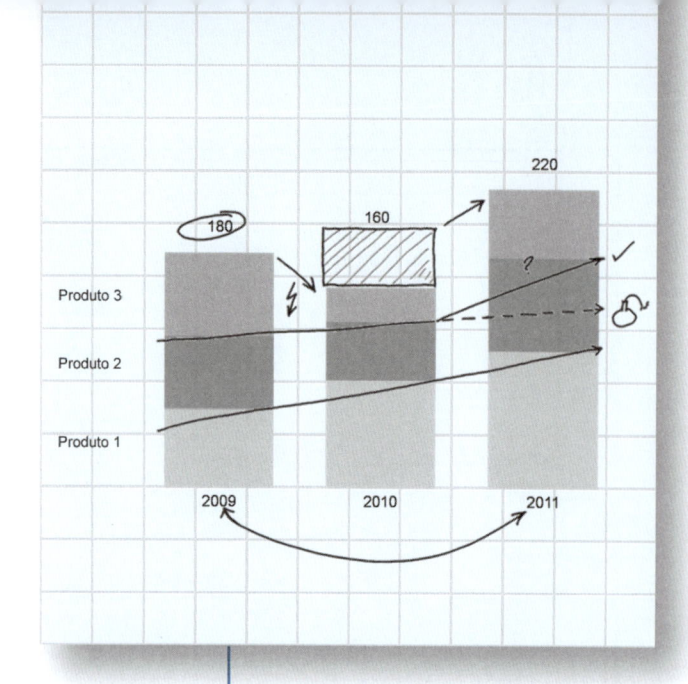

O QUÊ | Gráficos quantitativos podem ser analisados e comentados visualmente por grupo de discussão e tomada de decisão.

QUEM | Consultores, estrategistas, gerentes de projeto, controladores.

O QUE MAIS | Desenho Cômico (p. 38).

MARCAÇÕES DE DESENHO

REDE SOCIAL

Análise

QUANDO | Há a necessidade de analisar as relações entre as pessoas chave e seus papéis em uma rede.

POR QUÊ | Visualizar as relações diretas e indiretas entre as pessoas no mundo dos negócios e vendas.

COMO | Defina as pessoas chave envolvidas em uma decisão específica utilizando estrelas ou bonecos. Conecte-as com setas para indicar suas relações mútuas.

1. Posicione o principal tomador de decisões no centro, por exemplo, comprador ou patrocinador do projeto.
2. Posicione os influenciadores em torno do principal tomador de decisão. Conecte-os com flechas e rotule seus relacionamentos.
3. Insira influenciadores adicionais à rede.
4. Defina os principais influenciadores desenhando círculos em torno das pessoas no mesmo departamento ou organização.

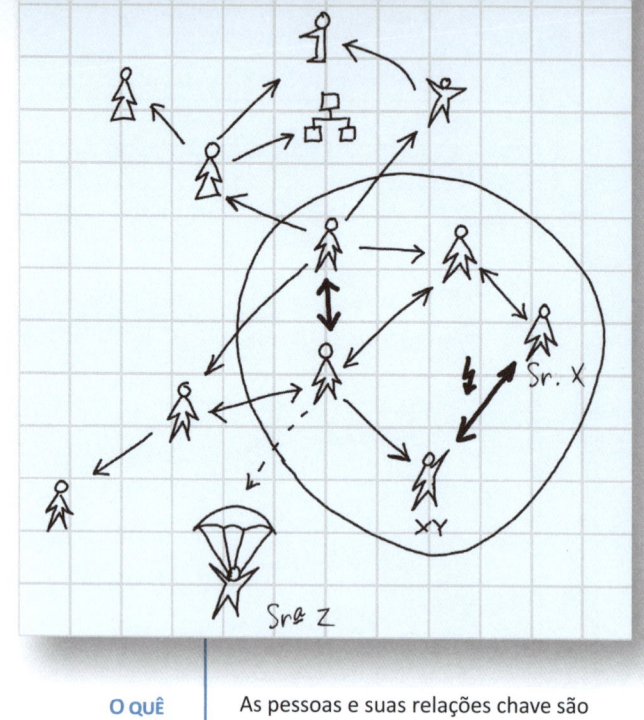

O QUÊ | As pessoas e suas relações chave são visualizadas em um mapa de rede social.

QUEM | Consultores, equipe de vendas, gerentes de marketing.

O QUE MAIS | Desenho de fluxo (p. 52), Exemplo p. 115.

REDE SOCIAL

ESPECTRO

Análise

QUANDO Há a necessidade de diagramar o espectro das opções em uma única escala ou dimensão.

POR QUÊ Mostrar todo o espectro das opções disponíveis e discutir os prós e contras.

COMO Desenhe uma seta dupla horizontal que aponta da margem esquerda para a direita. Insira as opções ao longo do espectro.

1. Desenhe uma seta horizontal longa com duas pontas.
2. Rotule as duas extremidades opostas de uma das dimensões, por exemplo:
   Interno ↔ Externo
   Barato ↔ Caro
   Nacional ↔ Internacional.
3. Posicione as opções nesse espectro.
4. Para cada opção, insira dimensões ou atributos adicionais abaixo da linha.
5. Se útil, destaque as opções particularmente interessantes.

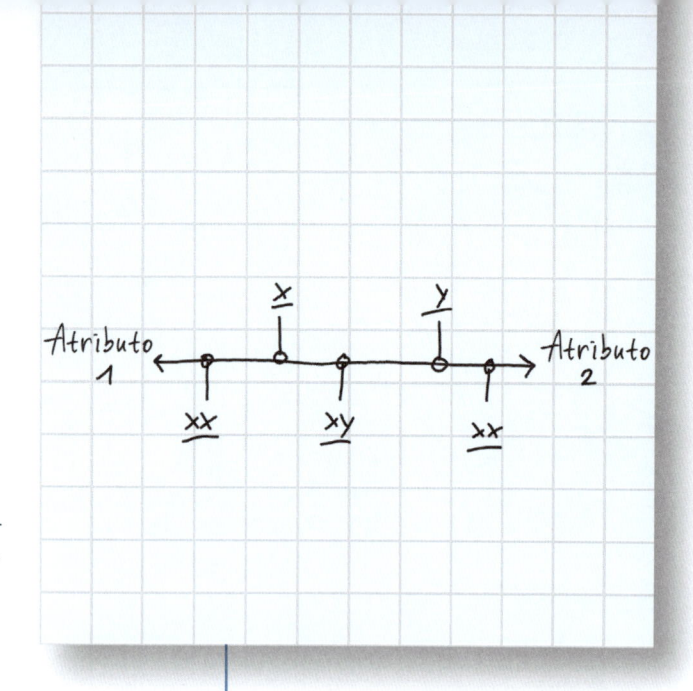

O QUÊ As opções ao longo dos dois extremos são visualizadas em um espectro bipolar.

QUEM Consultores, estrategistas, facilitadores, conselheiros.

O QUE MAIS Cenariograma (p. 76), Exemplo p. 116.

MAPA DAS PARTES INTERESSADAS

Planejamento

QUANDO   Há a necessidade de compreender os objetivos das partes interessadas diretas e indiretas de um projeto.

POR QUÊ   Identificar as partes interessadas internas e externas relevantes e analisar os objetivos potencialmente conflitantes.

COMO   Desenhe um mapa mental que tem o tema ou projeto em jogo no meio, as partes interessadas como ramos e os objetivos como sub-ramos.

1. Desenhe um círculo com o tema ou projeto a ser analisado.
2. Na margem esquerda, desenhe uma seta que aponta para cima a partir do meio da página rotulada Partes Interessadas Internas e uma seta que aponta para baixo rotuladas Partes Interessadas Externas.
3. Desenhe ramos e rotule-os com os nomes das partes interessadas internas ou externas, por exemplo, Alta Gerência, Fornecedores, Clientes, Sindicatos etc.
4. Para cada ramo, adicione os objetivos, necessidades e expectativas, relacionados ao projeto, de cada grupo de partes interessadas.
5. Se útil, desenhe setas para mostrar as relações entre as partes interessadas.

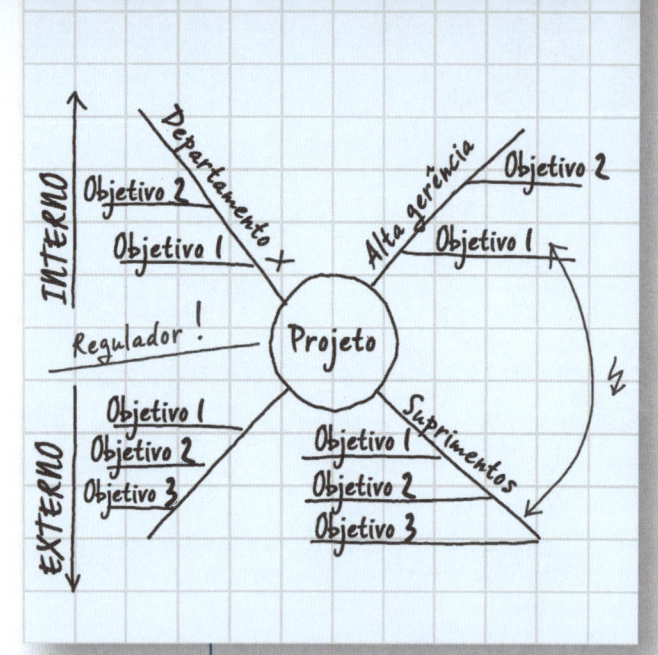

O QUÊ   Os objetivos de um projeto e os objetivos das partes interessadas são definidos em um Mapa Mental.

QUEM   Consultores, gerentes de projeto, comunicadores.

O QUE MAIS   Mapa Mental (p. 60), Rede Social (p. 80), *Ranking* das Partes Interessadas (p. 86), Capítulo "Estudo de caso" p. 14.

RANKING DAS PARTES INTERESSADAS

Planejamento

QUANDO	Há a necessidade de compilar e priorizar as partes interessadas de um projeto, questão, estratégia ou iniciativa.
POR QUÊ	Segmentar os tomadores de decisão e focalizar aqueles que têm maior impacto e podem ser influenciados.
COMO	Desenhe a influência que você tem sobre um grupo de partes interessadas e o impacto dele sobre você. Posicione instituições e pessoas relevantes.

1. Use setas para desenhar as linhas dos eixos X e Y de um gráfico.
2. Rotule o eixo X, Nosso impacto sobre eles. Rotule o eixo Y, O impacto deles sobre nós.
3. Divida o quadrante resultante em quatro seções.
4. Posicione as partes interessadas com base no impacto delas sobre sua questão, e o impacto que você tem sobre elas.
5. Se útil, ilustre as relações entre as partes interessadas com setas.

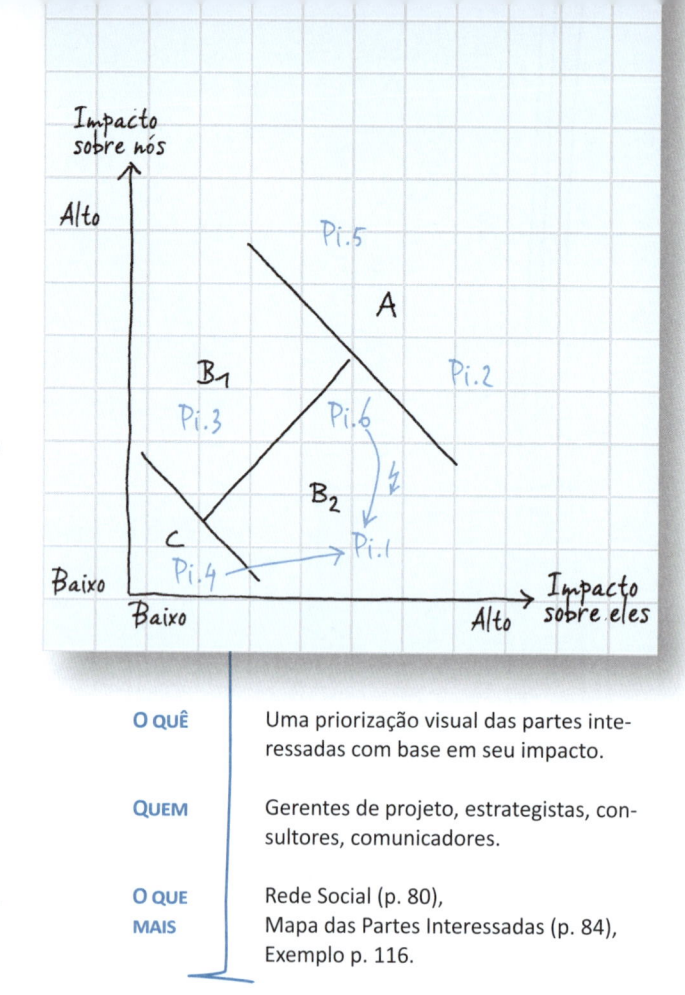

O QUÊ	Uma priorização visual das partes interessadas com base em seu impacto.
QUEM	Gerentes de projeto, estrategistas, consultores, comunicadores.
O QUE MAIS	Rede Social (p. 80), Mapa das Partes Interessadas (p. 84), Exemplo p. 116.

GRÁFICO DE ESTRATÉGIA

Análise

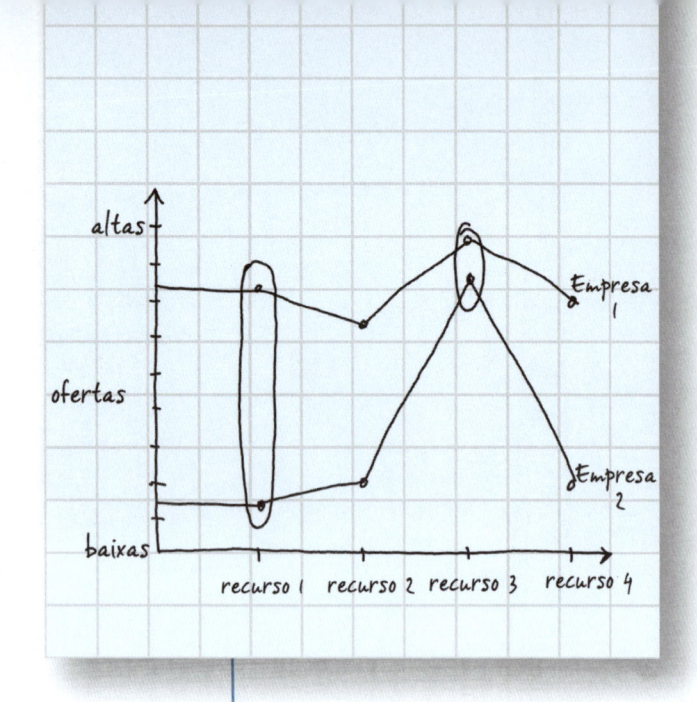

QUANDO Há a necessidade de diagramar a diferença entre o perfil atual e futuro de um concorrente.

POR QUÊ Visualizar as principais diferenças entre as duas entidades ao longo das dimensões relevantes.

COMO Trace um perfil de sua oferta atual ao longo de algumas dimensões relevantes. Desenhe o perfil de seu concorrente ou seu perfil futuro desejado. Discuta as lacunas.

1. Desenhe um eixo vertical e um horizontal.
2. Rotule o eixo Y como Oferta e adicione os seguintes rótulos: Baixo, Médio e Alto.
3. Rotule o eixo X com as variáveis que distinguem as ofertas em seu domínio.
4. Desenhe uma linha do perfil em que sua oferta é classificada como Alta, Média ou Baixa em cada variável.
5. Adicione outros perfis ao gráfico.
6. Discuta as lacunas.

O QUÊ Seu produto atual é comparado com as ofertas futuras ou dos concorrentes ao longo das dimensões chave.

QUEM Consultores, estrategistas, gerentes de projeto, facilitadores, CEOs.

O QUE MAIS Ponto Ideal (p. 90), Exemplo p. 117.

PONTO IDEAL

Análise

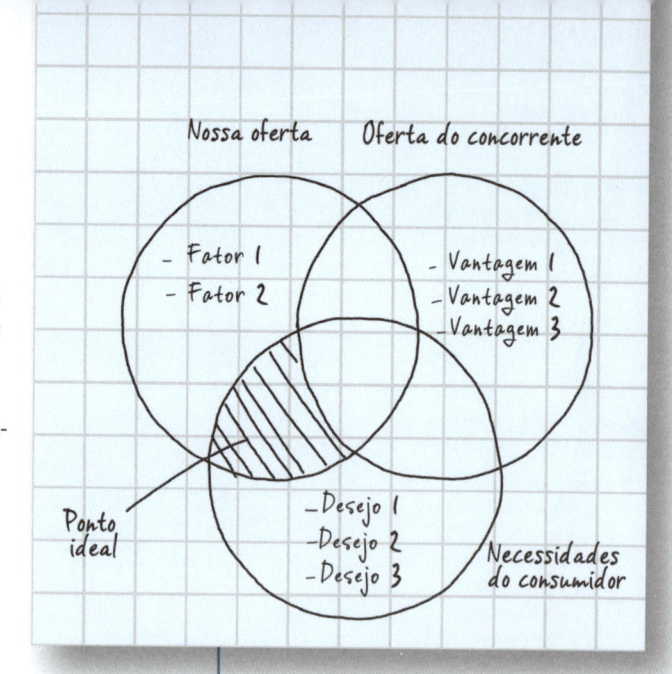

QUANDO

Há a necessidade de comparar as vantagens e desvantagens de uma oferta e, ao mesmo, tempo, identificar as oportunidades de negócios.

POR QUÊ

Identificar os atributos de um produto ou serviço que são diferenciadores e agregam valor.

COMO

Desenhe três círculos sobrepostos. Posicione os atributos do produto de acordo com o fato de eles atenderem às necessidades dos clientes exclusivamente, ou não, e se os clientes os exigem.

1. Desenhe três círculos sobrepostos.
2. Rotule os círculos: Nossa oferta, Ofertas da concorrência e Necessidades do cliente.
3. Insira os principais atributos da Nossa oferta nas respectivas seções. Insira as características exclusivas da Nossa oferta no segmento superior esquerdo do círculo etc.
4. Observe a interseção entre os círculos Nossa oferta e Necessidades do cliente. Quais são as oportunidades para inovação? Como as necessidades não satisfeitas dos clientes podem ser atendidas? Como os itens no ponto ideal podem ser mais bem comunicados como benefícios exclusivos?

O QUÊ

Um diagrama de Venn simples é usado para comparar uma oferta com as do concorrente e as condições do mercado.

QUEM

Estrategistas, consultores, profissionais de marketing, especialistas em inovação.

O QUE MAIS

Gráfico de Estratégia (p. 88), Exemplo p. 117.

PONTO IDEAL

RAIA DE NATAÇÃO

Planejamento, análise

QUANDO — Há a necessidade de visualizar um processo que envolve diferentes departamentos, pessoas ou unidades.

POR QUÊ — Definir as principais etapas de um processo e onde elas ocorrem.

COMO — Desenhe uma coluna para cada departamento envolvido no processo. Mapeie o processo conectando cada etapa ao respectivo departamento.

1. Crie 3 a 4 colunas e rotule cada uma como um departamento ou pessoa envolvida no processo.
2. Desenhe a primeira etapa do processo como uma caixa na coluna departamento.
3. Conecte essa caixa com a caixa da próxima etapa do processo, na mesma coluna ou em outra.
4. Continue esse mapeamento até o último passo do processo ser alcançado.
5. Se útil, acima das setas de ligação adicione as informações que precisam ser transferidas.

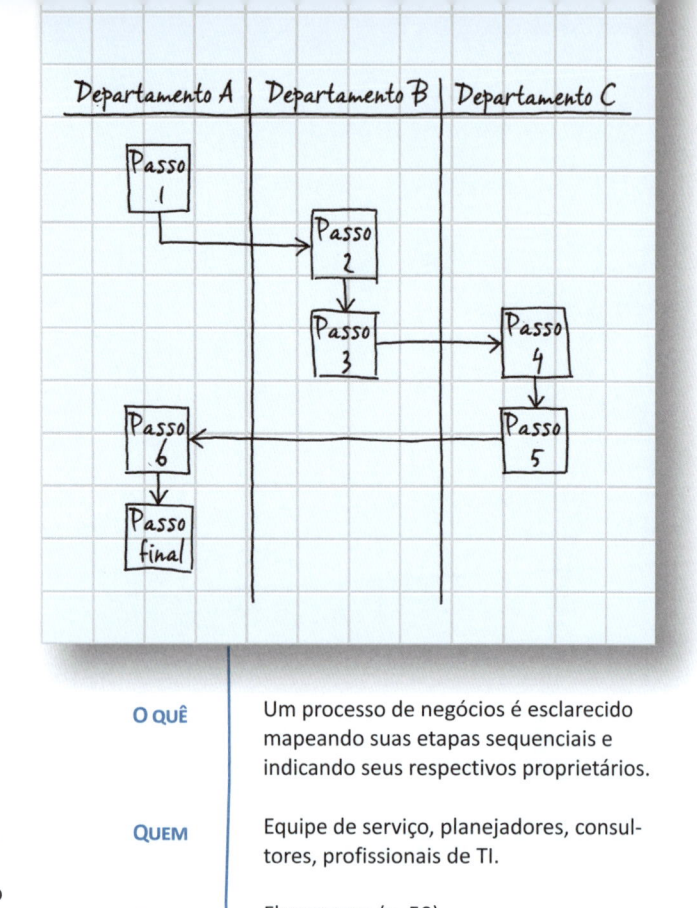

O QUÊ — Um processo de negócios é esclarecido mapeando suas etapas sequenciais e indicando seus respectivos proprietários.

QUEM — Equipe de serviço, planejadores, consultores, profissionais de TI.

O QUE MAIS — Fluxograma (p. 50), Linha do Tempo (p. 98), Exemplo p. 118.

RAIA DE NATAÇÃO

SWOT

Análise

QUANDO — Há a necessidade de ter uma visão geral sobre as questões internas e externas atuais que influenciam os resultados dos negócios.

POR QUÊ — Identificar e combinar oportunidades e ameaças atuais externas com pontos fortes e fracos internos.

COMO — Preencha uma matriz 2x2 com pontos fortes e fracos de sua organização, bem como ameaças e oportunidades externas. Defina como eles se relacionam entre si.

1. Desenhe uma matriz 2x2.
2. Rotule os pontos fortes e fracos à esquerda. Rotule as principais oportunidades e ameaças.
3. Defina o seguinte:
   A) quadrante superior esquerdo – como os pontos fortes criam oportunidades.
   B) quadrante superior direito – como os pontos fortes podem reduzir riscos.
   C) quadrante inferior esquerdo – como os pontos fracos podem ser oportunidades.
   D) quadrante inferior direito – como os pontos fracos podem ser ameaças.

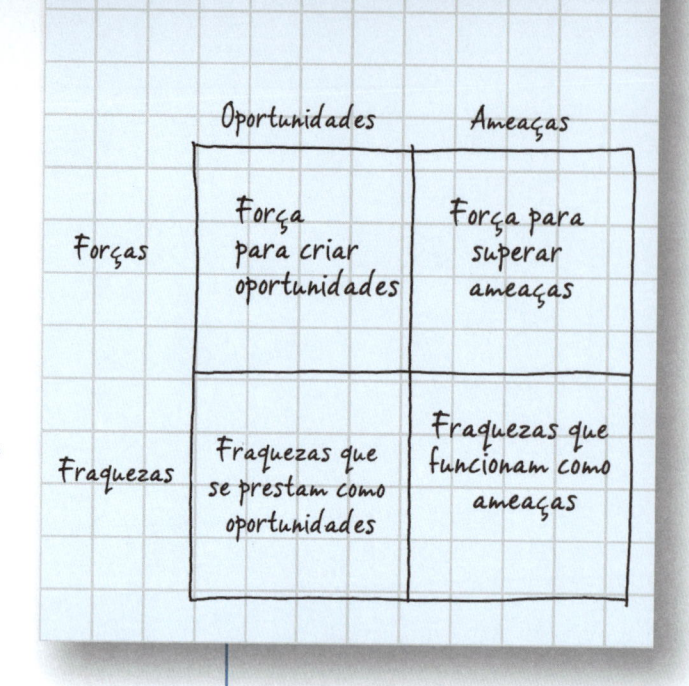

O QUÊ — Os pontos fortes e fracos de uma empresa são comparados com as ameaças e oportunidades externas.

QUEM — Consultores, estrategistas, gerentes de projeto, facilitadores.

O QUE MAIS — Espinha de Peixe (p. 48), Estopim do Risco (p. 68), Exemplo p. 118.

SWOT

MAPA DE SINERGIAS

Planejamento, análise

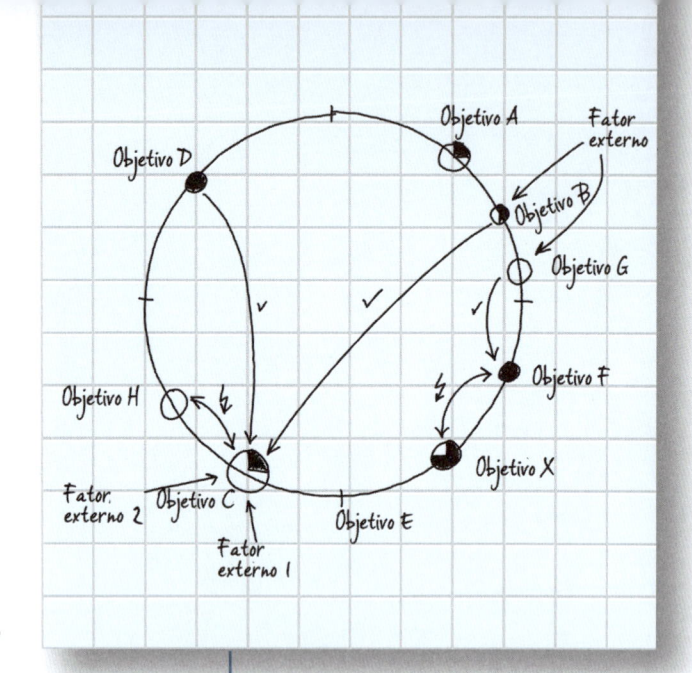

QUANDO — Há a necessidade de analisar sinergias e conflitos entre os objetivos.

POR QUÊ — Definir como objetivos ou atividades se influenciam mutuamente, positiva e negativamente.

COMO — Insira objetivos ou atividades relevantes em um círculo e identifique as sinergias e conflitos.

1. Desenhe um círculo grande.
2. Insira objetivos/tarefas importantes ao longo do círculo. Use círculos maiores para atividades maiores. Rotule as atividades com palavras-chave.
3. Conecte as atividades interdependentes com linhas grossas ou finas para representar sinergias e conflitos fortes ou fracos. Rotule as conexões com palavras-chave.
4. Se útil, adicione influências externas como setas apontando para objetivos ou atividades específicas.

O QUÊ — Objetivos ou atividades posicionados em torno de um círculo para identificar sinergias e conflitos.

QUEM — Consultores, estrategistas, gerentes de projeto, facilitadores, conselheiros.

O QUE MAIS — Mapa Causal (p. 36), Exemplo p. 119.

LINHA DO TEMPO

Planejamento

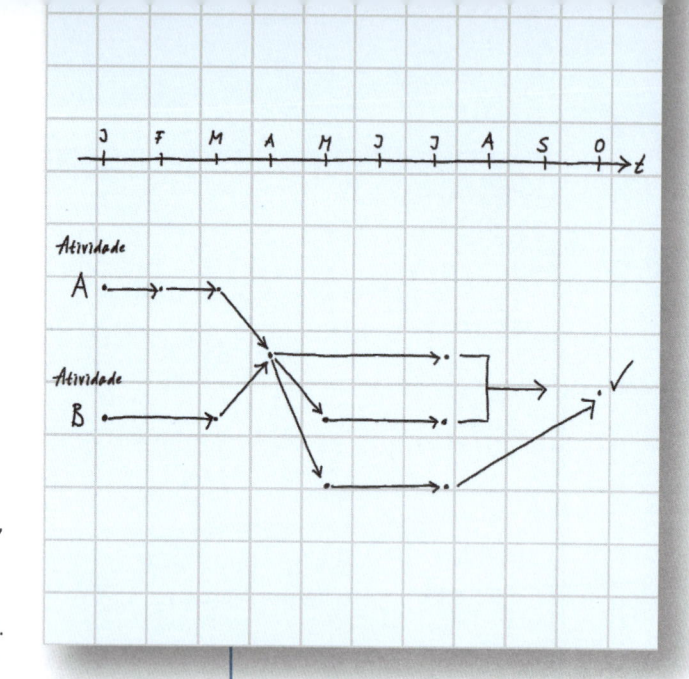

QUANDO Há a necessidade de planejar uma série de atividades e mostrar o impacto sobre cada uma.

POR QUÊ Planejar uma série de eventos ou atividades.

COMO Segmente uma seta horizontal em unidades de tempo, por exemplo, meses, semanas e dias. Desenhe as atividades abaixo da seta.

1. Desenhe uma seta horizontal principal.
2. Divida a seta para as unidades de tempo necessárias.
3. Desenhe setas abaixo da seta principal horizontal para atividades separadas.
4. Mostre certas atividades convergentes e como uma afeta a outra.
5. Se possível, indicar o estado final e data de cada atividade.
6. Se útil, rotule cada atividade com a pessoa responsável.

O QUÊ Uma série de atividades é mapeada em uma linha do tempo para melhorar o planejamento e mostrar as relações.

QUEM Consultores, estrategistas, gerentes de projeto, líderes de equipe.

O QUE MAIS Trilha da Montanha (p. 62), Capítulo "Estudo de caso" p. 17, Exemplo p. 119.

LINHA DO TEMPO

6.

PERSPECTIVA:
COMO DESENVOLVER SEUS PRÓPRIOS MODELOS DE DESENHO

Os modelos de desenho fornecidos neste livro são estruturas prontas que ajudam a capturar questões complexas em formas e estruturas simples e levam a uma discussão focada com a ajuda deles. Mas o livro de modo nenhum é um guia completo para criar desenhos para empresas. Nem deveria ser, já que os melhores desenhos provavelmente são aqueles que você cria para seu próprio contexto. Afinal de contas, um desenho tem de se adaptar ao seu estilo pessoal, habilidades de desenho e cultura corporativa.

Portanto, nós o incentivamos a desenvolver sua própria pequena biblioteca de desenhos. Para guiá-lo nesse processo, desenvolvemos um processo de seis etapas simples que você pode seguir para criar protótipos e desenvolver seus próprios modelos.

1. Contexto
Pense em um contexto de aplicação recorrente que poderia ser suportado por meio de desenhos como:
- Uma reunião individual ou em grupo, tarefas de planejamento, análise, vendas ou comunicação.
- Um tipo de problema recorrente.
- Um tema recorrente complexo.
- Uma típica sequência de questões de reunião.

2. Conteúdo
Quais são as categorias ou itens mais importantes para estruturar esse contexto a fim de obter maior objetividade? Pense em estruturas comprovadas como:
- SPIP: situação, problema, implicação, próximas etapas.
- AIDA: atenção, interesse, decisão, ação.
- O quê, quem, onde, quando, por quê, como.

3. Formato

Como essas categorias chave podem ser representadas graficamente de modo que a análise, planejamento, comunicação e comparação sejam suportados? Brinque com os diferentes formatos possíveis, como:

- Diagrama de Venn.
- Desenho do processo ou ciclo.
- Sistema de coordenadas ou matriz.
- Metáfora visual (templo, pirâmide, ponte, degraus, montanha, funil, ilha, vulcão etc.)
- Gráfico de pizza.
- Caixa (ou balão) e diagrama de setas.

4. Interação

Como o desenho pode ser desenvolvido passo a passo? Imagine um roteiro que combina com desenhos, por exemplo:

- Forneça primeiro uma visão geral, então adicione os detalhes fornecidos pelos membros do grupo.
- Anote o objetivo principal, solicite subobjetivos relevantes, então debata as etapas necessárias para cada subobjetivo.
- Desenhe a questão principal, colete perguntas de seus colegas, então as relacione por meio de setas.
- Desenvolva uma estrutura, que será preenchida por seus companheiros de equipe e discutida em conjunto.

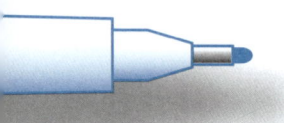

5. Iteração

Como os elementos da discussão podem ser capturados no desenho?

- Externamente (como em um desenho de mapa mental).
- Internamente (como em uma matriz).
- À direita (como em um mapa de estrada).
- Na parte inferior (como em um desenho do controle).
- Na parte superior (como na metáfora da Trilha da Montanha).

6. Avaliação

Teste o desenho em situações da vida real, começando com ambientes informais. Marque esses pontos para melhorar seu modelo:

- Como as pessoas reagem ao desenho?
- O que funcionou especialmente bem, o que não funcionou?
- Quais são os elementos ausentes no desenho? O que ele não conseguiu capturar?
- A estrutura suportou o processo de discussão de uma maneira ideal? Se não suportou, como ele deve ser adaptado?
- Qual meio é adequado para o desenho? Ele pode ser feito em um simples pedaço de papel, ou ele requer um *flip chart* ou até mesmo um painel de papel pardo ou um quadro branco?
- A interação com o desenho foi satisfatória? As pessoas o utilizam mais tarde, por exemplo, durante os intervalos do workshop?

Seguir esses seis passos permite criar e testar seus próprios modelos de desenho. Rapidamente você será capaz de fornecê-los com facilidade e versatilidade para chamar a atenção das pessoas e ajudá-las a tirar conclusões com base em evidências que são claras para todos.

Para ilustrar esses seis passos simples, tomamos o desafio de implementar uma estratégia de negócios como um exemplo, já que isso é um problema que muitos gerentes, em todos os níveis, frequentemente enfrentam.

Portanto, como você desenvolveria uma abordagem de desenho para essa importante e muitas vezes exageradamente complexa questão? Para responder a essa pergunta, vamos analisar as seis etapas novamente com esse exemplo em mente.

1. Contexto

O contexto para nosso modelo de desenho é a implementação de uma estratégia de negócios como um problema de gerenciamento recorrente. Nosso modelo deve nos ajudar a discutir os problemas de implementação da estratégia e encontrar maneiras de prevenir ou superá-los. Esse é o principal contexto de aplicação de nosso modelo, embora ele possa ser igualmente aplicável a contextos relacionados, como gerenciamento de projetos ou gestão da qualidade.

2. Conteúdo

As categorias-chaves do conteúdo para nosso modelo de desenho são o plano estratégico a ser implementado e a verdadeira realidade da implementação (a estratégia emergente), mais – se útil – o ponto de partida do plano (o *status quo*) e o objetivo final da estratégia. Iniciativas estratégicas específicas e desafios-chave também podem ser adicionados ao desenho se necessário.

3. Formato

Com base em uma ideia do especialistas em estratégia Mintzberg e Waters, usamos um vocabulário visual simples, consistindo em apenas duas setas que apontam da esquerda para a direita. Dessa forma, podemos facilmente descrever as muitas maneiras como as estratégias de negócios evoluem, fracassam ou são bem-sucedidas na fase de implementação. Especificamente, usamos dois tipos de seta, uma em negrito para designar o plano estratégico e uma fina para designar a implementação real da estratégia. A ponta inicial da flecha em negrito designa o *status quo* e o ponto final de nosso objetivo estratégico final. Quanto mais a seta fina se afasta daquela em negrito, mais nossa implementação da estratégia difere do plano estratégico original.

4. Interação

Para usar os modelos de desenho em ambientes de grupo, começamos traçando uma seta em negrito indicando o "plano" no topo de uma página e então perguntaremos aos colegas como descrever a implementação desse plano como uma seta (mais ou menos) paralela abaixo dele – dada sua situação e sucesso atuais. Os colegas podem, por exemplo, informar que o processo de implementação estava alinhado até recentemente e, agora, começou a se desviar do plano original. Nesse caso, desenharíamos uma seta fina que corre em paralelo à seta em negrito, mas, em seguida, afasta-se dela.

5. Iteração

Dependendo de quanto tempo a estratégia estava em andamento e dependendo dos tipos de problemas que ocorreram, elementos adicionais podem agora ser inseridos nas duas setas, como eventos específicos, influências externas ou possíveis avanços futuros (desenhados como setas pontilhadas). Você pode solicitar que os colegas forneçam *insights* sobre o plano original (e sua viabilidade) e adicioná-los como notas ou ícones à seta em negrito. Ou você pode capturar os comentários deles sobre o processo de implementação como itens na seta fina abaixo dela.

6. Avaliação

Depois de ter passado por esse processo, pergunte aos colegas se essa análise foi ou não útil e se as duas setas podem realmente capturar os elementos-chave que são importantes para a implementação da estratégia no contexto deles. Anote suas sugestões para melhorar ou aperfeiçoar o modelo de implementação da estratégia para usos futuros. Esses aperfeiçoamentos podem incluir uma terceira flecha para a estratégia da concorrência ou novo proprietário como algo tão simples como adicionar indicações de tempo (meses ou anos) ao modelo de desenho.

Por meio desses seis passos, você agora desenvolveu um modelo simples, poderoso e versátil de desenho que pode esclarecer as reuniões de avaliação para vários diferentes tipos de estratégia: se você estiver discutindo uma estratégia funcional ou de negócios, um plano de projeto ou uma nova iniciativa, você agora pode discutir o status junto com a ajuda das duas setas simples.

Nas páginas a seguir, veremos como esse novo modelo pode ser aplicado a diferentes situações e como ele pode ajudar a descrever os típicos desafios e abordagens da implementação da estratégia.

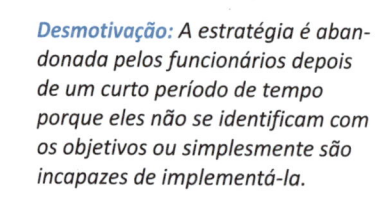

Desmotivação: A estratégia é abandonada pelos funcionários depois de um curto período de tempo porque eles não se identificam com os objetivos ou simplesmente são incapazes de implementá-la.

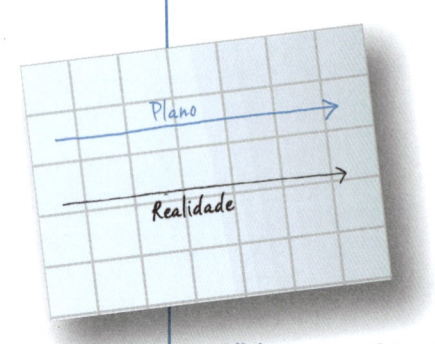

Alinhamento perfeito: A implementação corresponde ao plano, tanto no tempo como na direção.

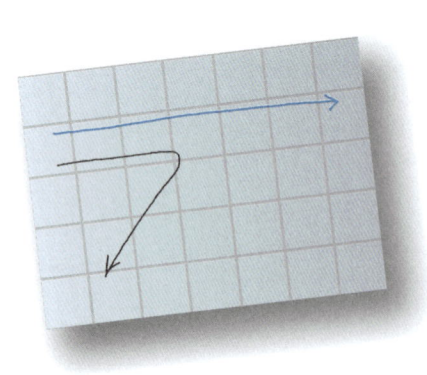

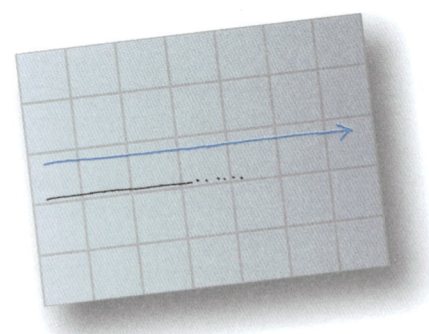

Dissipação gradual: Depois de um esforço inicial para implementar a estratégia, os principais objetivos e elementos desaparecem lentamente e não mais orientam os funcionários nas ações diárias. Isso pode ocorrer por causa da falta de financiamento e comunicação sustentados ou por causa da mudança de prioridades.

Estratégia de guerrilha: A estratégia de negócios oficial nunca é adotada pela equipe. Em vez disso, novas iniciativas dos funcionários tornam-se cada vez mais alinhadas e formam uma nova estratégia emergente de "guerrilha" ou paralela.

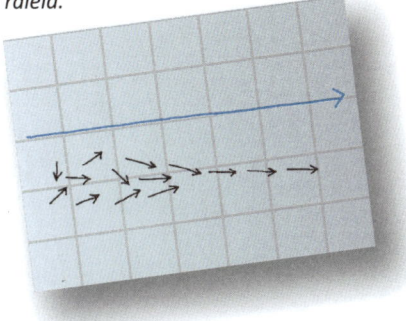

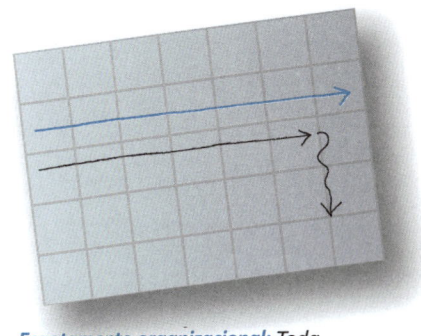

Distração: Eventos dentro da organização ou no ambiente podem fazer a estratégia sair do curso. Depois de lidar com a distração, a organização retorna ao curso original da estratégia.

Esgotamento organizacional: Toda a organização está mobilizada para implementar a estratégia, mas, depois que os principais objetivos são alcançados, a organização não mais pode sustentar seu desempenho por causa do esgotamento das pessoas envolvidas.

Estratégia orientada à visão: Em vez de definir um plano específico, o empresário faz todos os funcionários conhecerem sua visão e incentiva-os a trabalhar nessa direção.

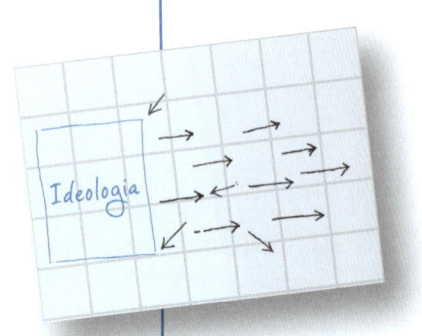

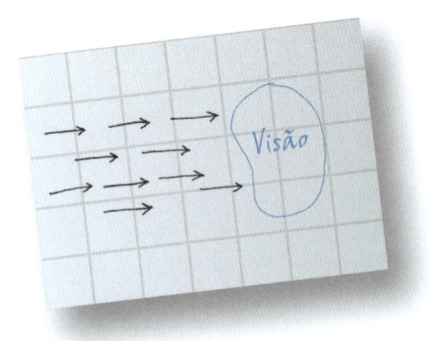

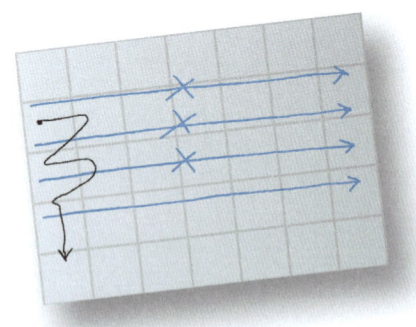

Estratégia orientada para a ideologia: Não há planos ou objetivos claros, mas em vez disso uma forte ideologia corporativa que invisivelmente alinha as ações de todos os funcionários em uma determinada direção e pune iniciativas divergentes.

Flutuação: Como um CEO é substituído por outro, os planos estratégicos são frequentemente alterados, deixando a organização com pouca oportunidade de implementar integralmente qualquer um deles.

Estratégia do corredor: *A estratégia é definida como um corredor de ações viáveis. Dentro desse corredor, as iniciativas estratégicas podem ser executadas em paralelo desde que respeitem as orientações estratégicas definidas.*

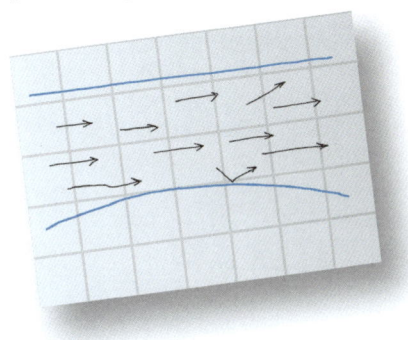

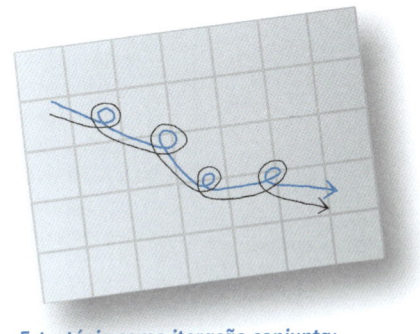

Estratégia imposta: *O plano estratégico original é substituído por outro durante a fase de implementação, por exemplo, porque a empresa foi comprada por outra com uma agenda estratégica diferente.*

Estratégia como iteração conjunta: *Os funcionários e a gerência desenvolvem a estratégia em conjunto e reveem frequentemente o progresso para fazer ajustes com base nas experiências adquiridas.*

7.

EXEMPLOS:

UMA GALERIA DE DESENHOS DE NEGÓCIOS

Nas páginas a seguir, você encontrará exemplos de desenhos de vários contextos de negócios e gerenciamento. Esses exemplos podem ajudá-lo em seus próprios desenhos e fornecem inspiração para sessões assistemáticas de técnicas de comunicação visual para reuniões, workshops, situações de vendas, ou até mesmo apresentações.

Ponte: Essa metáfora visual capta o status quo, a lacuna e o resultado desejado de um projeto, para discutir os passos necessários à frente e a infraestrutura necessária.

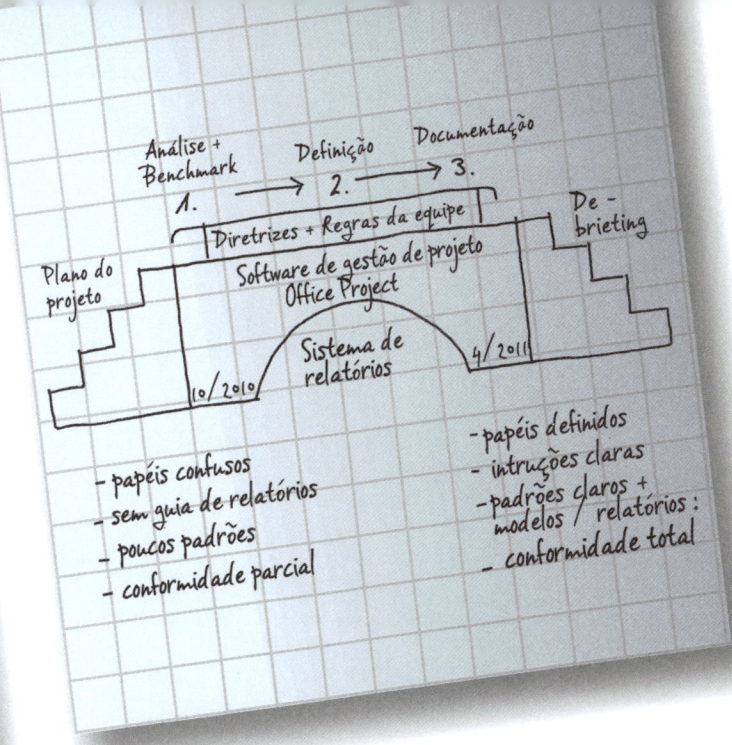

Desenho de Argumento: Esse método de mapeamento interativo é usado da esquerda para a direita a fim de coletar a pergunta chave (como aumentar as margens de lucro), ideias das pessoas sobre possíveis soluções, respectivos argumentos prós e contras, bem como evidências para apoiar os argumentos.

Mapa Conceitual: Esse mapa apresenta os vários usos da Internet para explicar os diferentes tipos de aplicativos on-line.

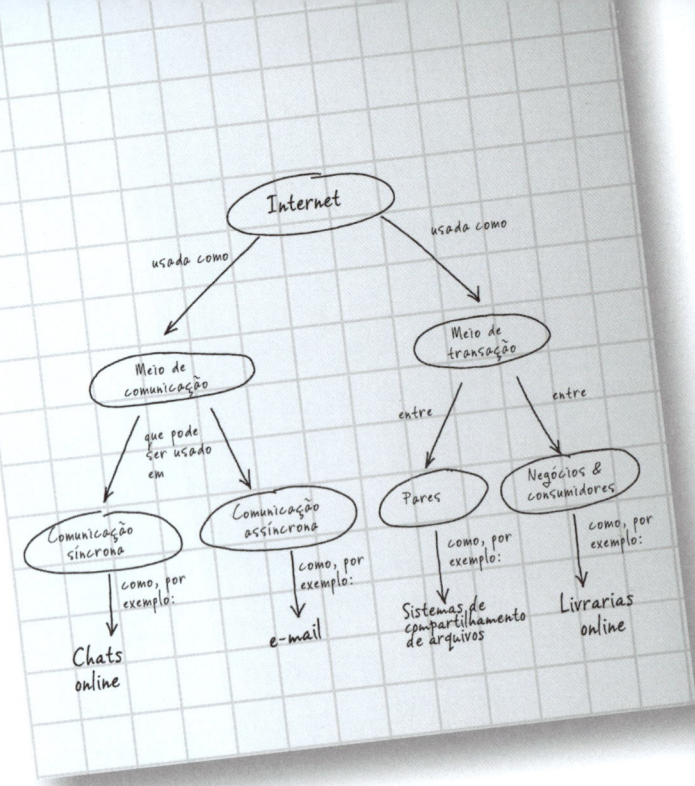

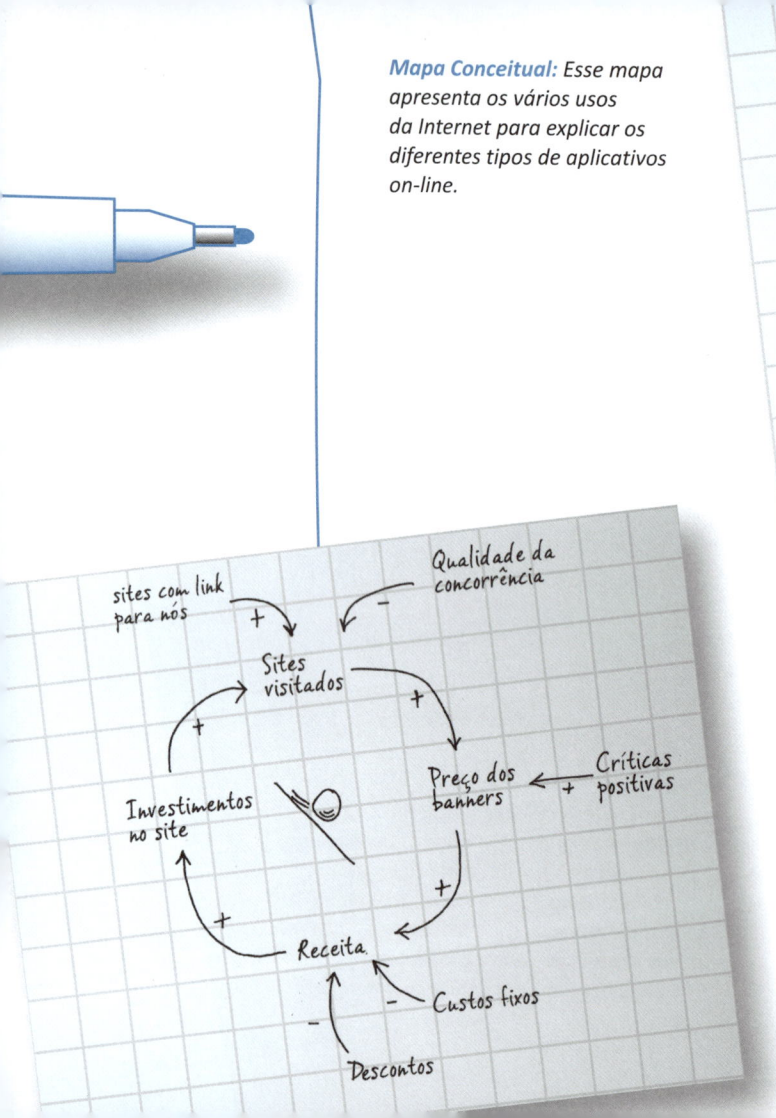

Mapa Causal: Este desenho de rede representa o modelo de receita de um portal da Internet para identificar as alavancas de mudança.

Árvore de Decisão: Esse diagrama mapeia várias oportunidades de investimento e suas respectivas vantagens para priorizar alvos.

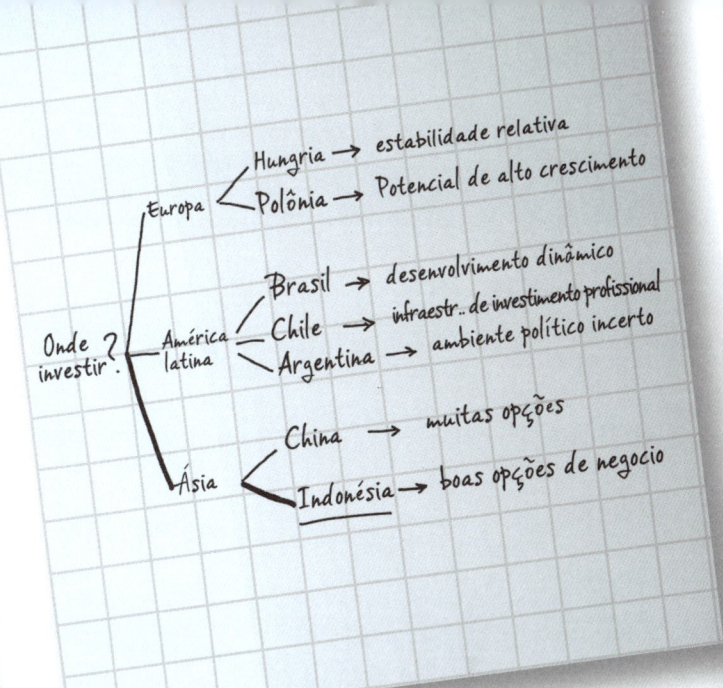

Desenho de Fluxo: Esse desenho captura o que é trocado (e com que intensidade) entre três unidades de negócios regionais da empresa para esclarecer as relações e obrigações mútuas.

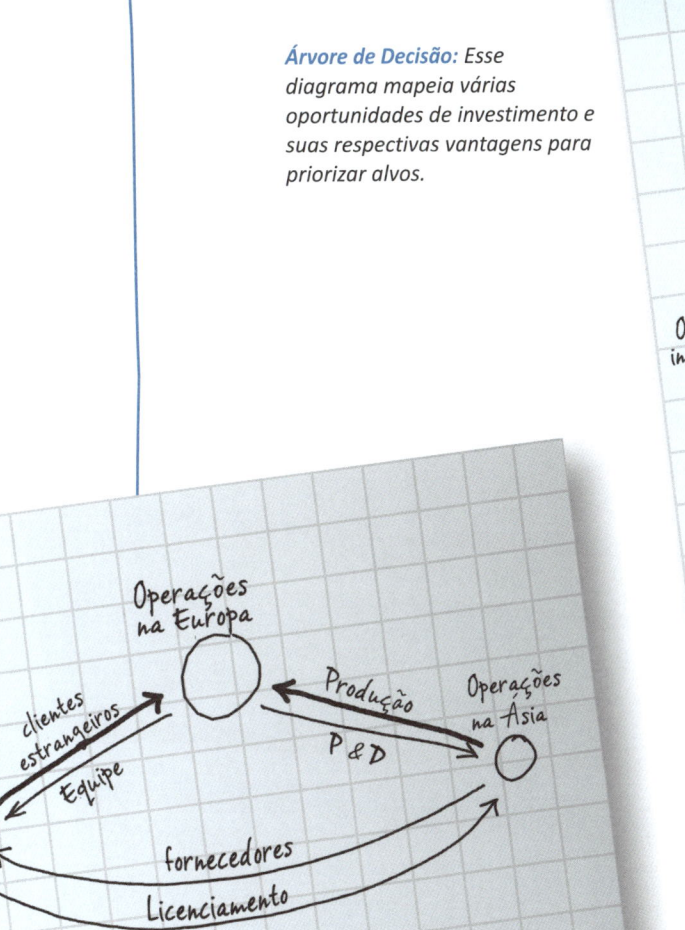

Caminhos para o Sucesso: Esse diagrama de seta mapeia as diferentes maneiras de passar de vendas domésticas para vendas internacionais e superar duas barreiras centrais a vendas globais.

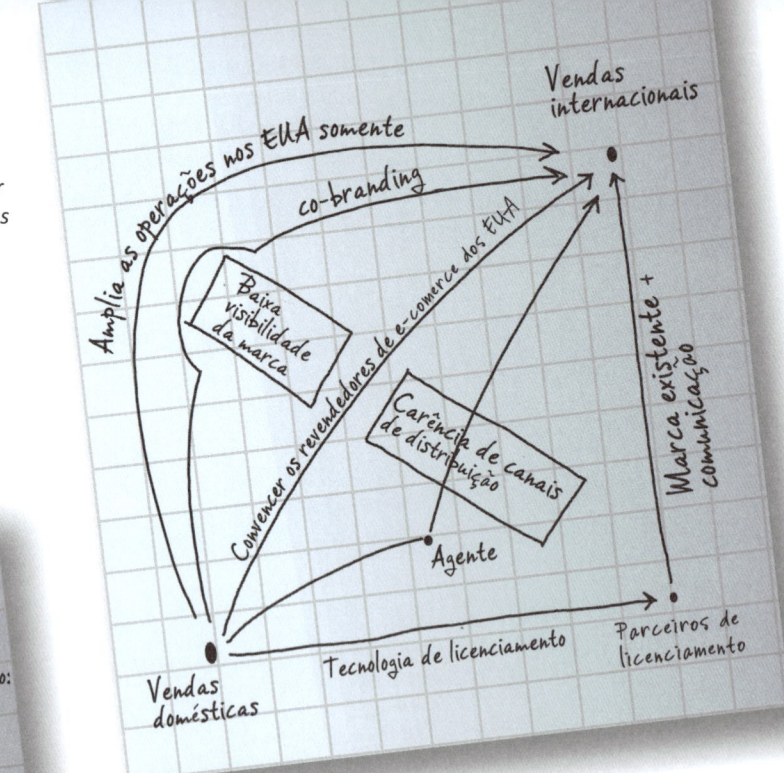

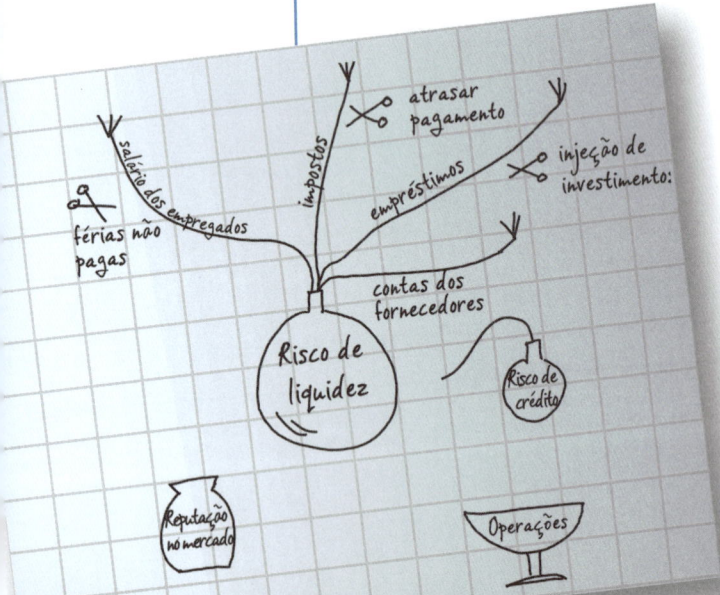

Estopim de Risco: Essa metáfora visual destaca o risco atual de uma empresa, bem como os fatores de risco e impacto, para discutir ações de prevenção e contenção.

Cenariograma: Esse sistema de coordenadas gera quatro diferentes cenários econômicos para analisar a robustez de uma estratégia de negócios para diferentes condições econômicas e jurídicas.

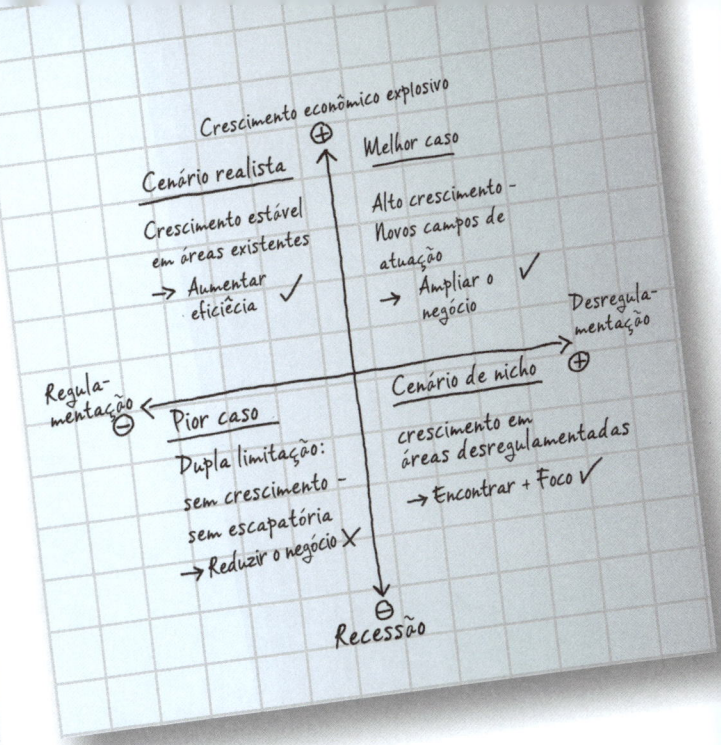

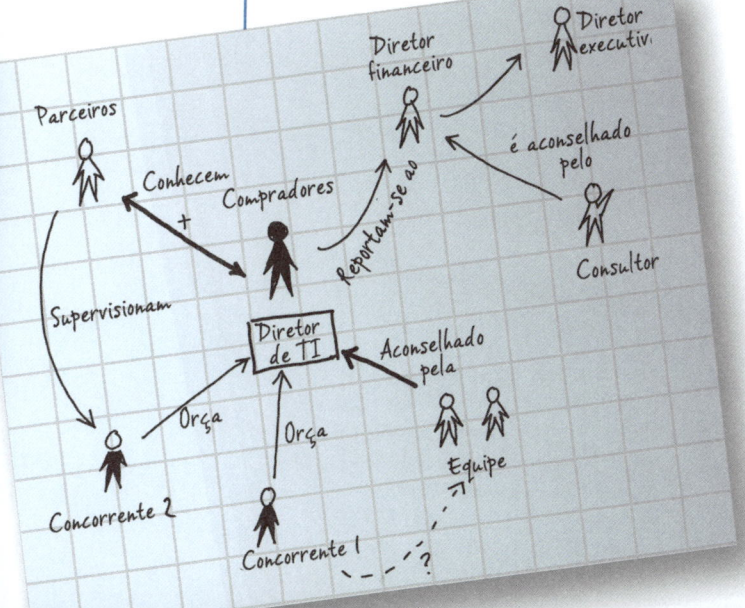

Rede social: Esse diagrama de relacionamento captura as pessoas chave que influenciam um tomador de decisão para que ele entenda melhor sua base de informações.

Ranking *das Partes Interessadas:*
Esse sistema de coordenadas ajuda a classificar e comparar as partes interessadas de uma estratégia, problema ou projeto, e visualizar suas relações mútuas. As partes interessadas chave estão no canto superior direito.

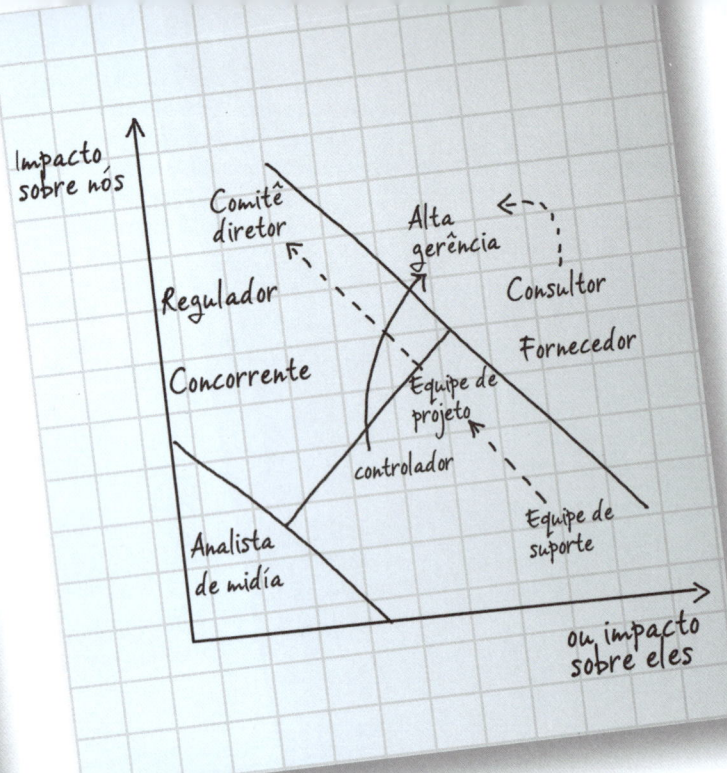

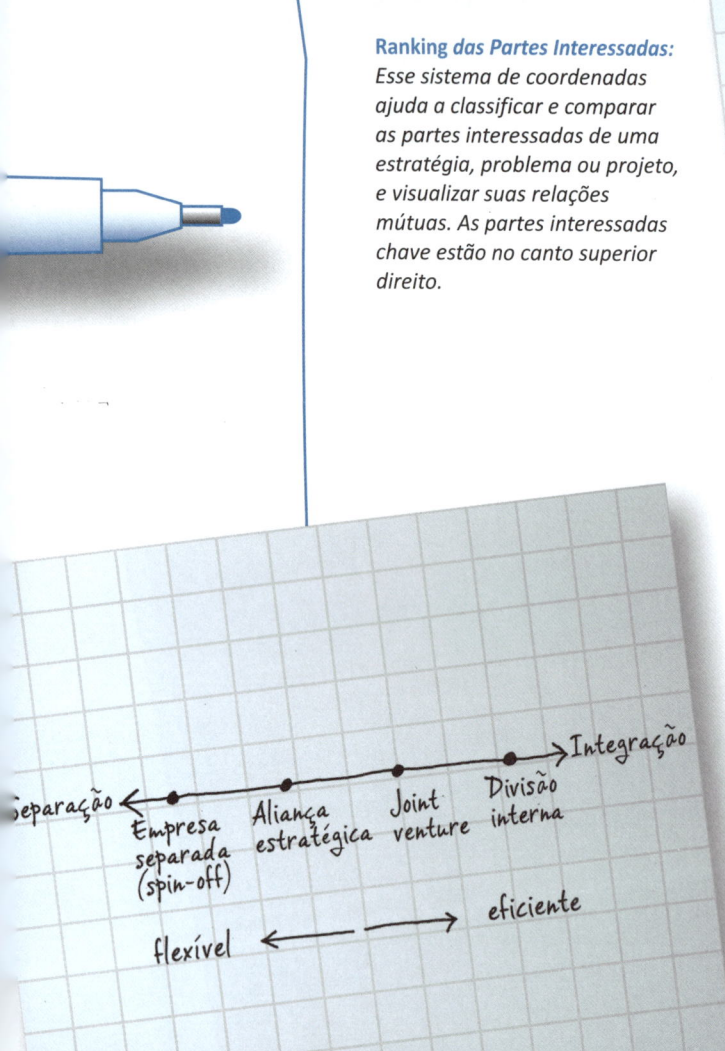

Espectro: *Esse desenho de eixo unidimensional mostra as diferentes formas organizacionais possíveis para um departamento de e-commerce a fim de fundamentar uma difícil tomada de decisão.*

Ponto ideal: Esse diagrama de Venn captura as principais características dos produtos concorrentes e os relaciona com as necessidades atuais e futuras dos clientes.

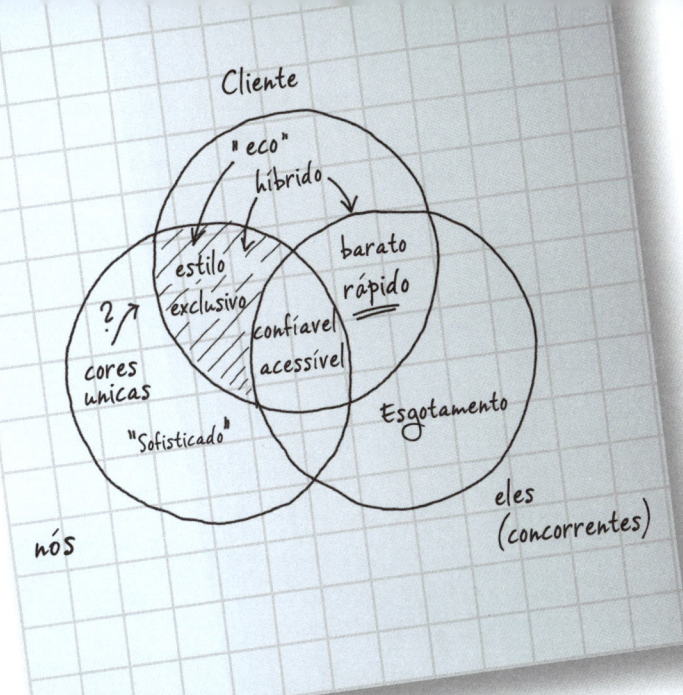

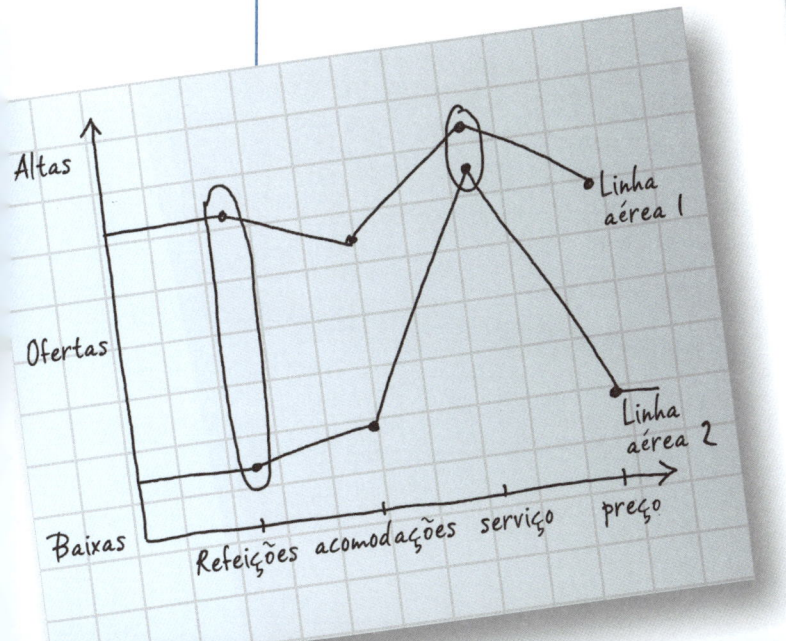

Gráfico de Estratégia: Esse gráfico de linhas ou perfil ajuda a comparar as estratégias de duas companhias aéreas junto com as principais características para identificar oportunidades de inovação ou diferenciação.

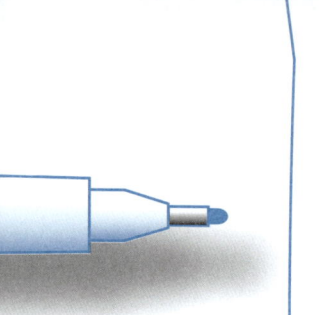

Raia de Natação: Esse desenho de processo pode ser usado para mapear um processo chave, como preenchimento de pedidos, para discutir o papel de cada departamento no processo.

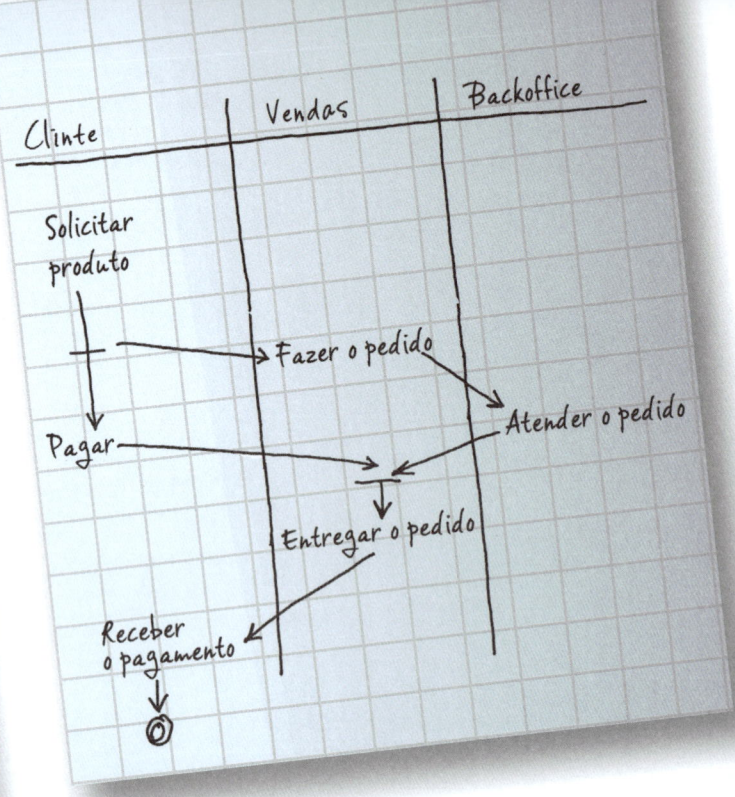

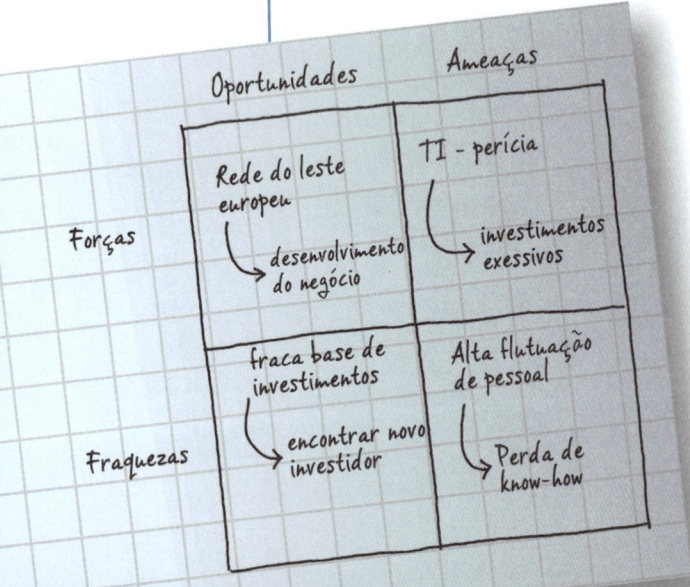

SWOT: Essa matriz dois por dois ajuda a relacionar os pontos fortes e fracos internos a ameaças e oportunidades externas.

__Mapa de Sinergia:__ Esse desenho interativo captura os principais objetivos (pequenos e grandes) de um departamento para os próximos quatro trimestres, mostra o nível atual de conclusão e, mais importante, ajuda a identificar potenciais sinergias e conflitos entre os objetivos.

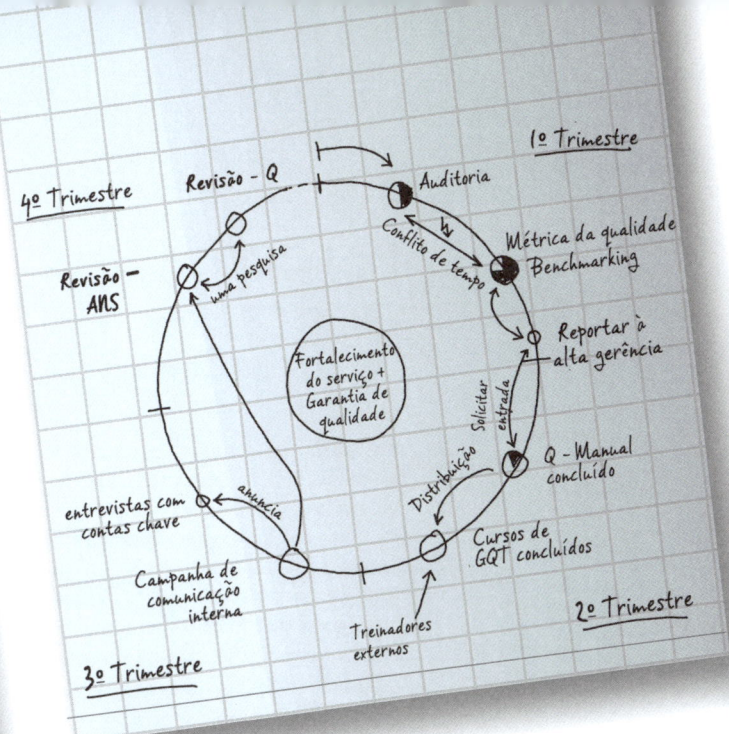

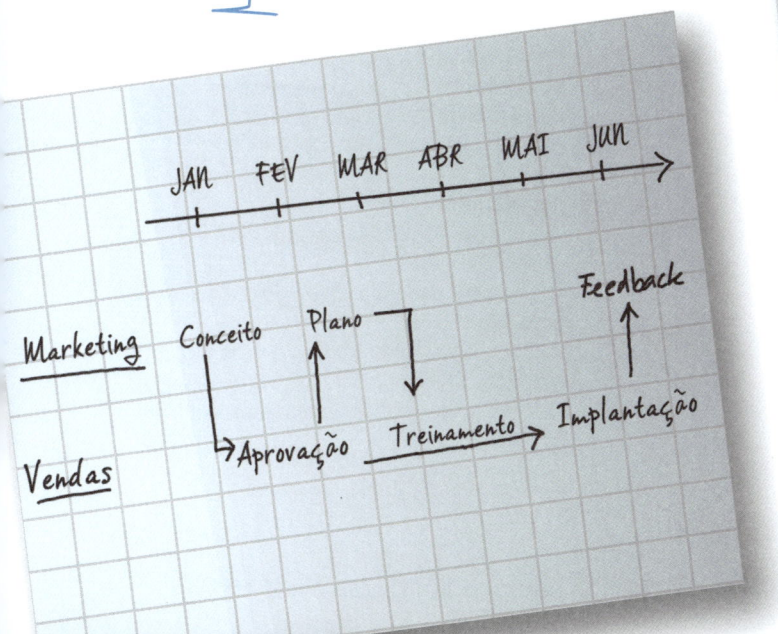

__Linha do Tempo:__ Esse diagrama de processo captura como dois departamentos colaboram ao longo dos próximos meses para alcançar um objetivo comum.

8.

EXERCÍCIOS:

COMECE A USAR SUAS HABILIDADES DE DESENHO

Neste capítulo, compilamos uma série de exercícios simples que vão ajudar você a aprimorar suas habilidades de desenho no trabalho. Testamos esses métodos em vários seminários internos, MBAs e cursos de mestrado e descobrimos que eles podem acelerar seu progresso de aprendizagem e ajudá-lo a melhorar suas habilidades conceituais para a confecção de ilustrações. Esses exercícios não exigem muito tempo ou esforço, mas lhe dão uma oportunidade fácil de aplicar desenhos imediatamente.

1. Classifique os modelos de desenho

Crie um esquema de classificação novo e útil para agrupar os 35 modelos de desenho no índice visual do livro. Como você poderia agrupar esses modelos de uma forma útil?

Por exemplo:
- Por nível de dificuldade (dos mais fáceis aos mais difíceis).
- Por velocidade (dos mais rápidos aos mais lentos).
- Por criativo (como caminhos para o sucesso) *versus* analítico (como marcas de desenho).
- Baseado no passado *versus* baseado no futuro.

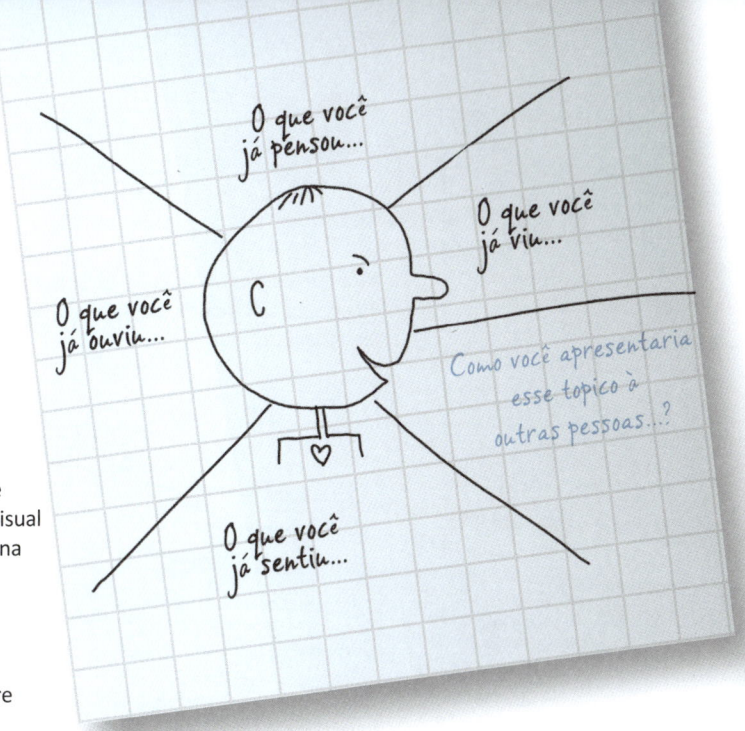

2. Faça o desenho de um Mapa de Empatia

Faça o desenho de um Mapa de Empatia que compila sua visão atual sobre comunicação visual como uma ferramenta para negócios. Anote na estrutura do Mapa de Empatia:

- O que você já viu (como exemplos).
- Ouviu (de colegas ou especialistas).
- Pensou (isto é, perguntas, benefícios).
- E sentiu (isto é, medos, esperanças) sobre desenhos.

Observe como você apresenta esse tema a outras pessoas na seção "diz" do mapa.

3. Qual modelo para a situação?

Navegue pelo capítulo Caixa de Ferramentas e identifique um modelo para cada uma das seguintes situações:

- Reduza o conflito sobre uma questão em uma equipe.
  Modelo possível: _____
- Convencer seu chefe a lhe dar um aumento.
  Modelo possível: _____
- Alinhar os membros da equipe com o plano do projeto.
  Modelo possível: _____
- Apresentar a visão da empresa a pessoas de fora.
  Modelo possível: _____
- Dar suporte a brainstorming em sua equipe.
  Modelo possível: _____
- Analisar seu modelo de negócios.
  Modelo possível: _____
- Preparar um discurso durante o almoço.
  Modelo possível: _____

4. Apresente seu projeto

Escolha um dos modelos para apresentar um projeto atual próprio para um colega em cinco minutos.

Desenvolva o desenho na frente dele ao falar.

5. Desenvolva seu próprio modelo

Na página 98, descrevemos os seis passos que sugerimos seguir ao desenvolver seu próprio modelo de desenho. Analise esses passos e desenvolva seu modelo para um tipo de discussão recorrente em sua empresa ou em sua equipe.

Certifique-se de que ele atende os critérios CLEAR.

Para ir além de meros exercícios e começar suas atividades reais de desenho, coloque em ação estas dicas simples:

- Integre um desenho assistemático em um *flip chart* em sua próxima apresentação PowerPoint.
- Inclua dois ou três slides com desenhos em sua próxima apresentação de slides.
- Integre um exercício interativo de desenho em seu próximo workshop.
- Analise um problema que você enfrenta atualmente com dois dos modelos (como o modelo Caminhos para o Sucesso e o modelo *Iceberg)*.
- Explique sua ideia para alguém usando um desenho feito em um guardanapo.
- Na próxima reunião, que você tiver, mostre aos colegas a agenda da reunião usando o Controle de Agenda de Reunião em um *flip chart*.

BIBLIOGRAFIA

Anderson, R. E.; Helstrup, T. *Visual discovery in mind and on paper.* In: Memory and Cognition, v. 21, n. 3, p. 283–293, 1993.

Blackwell, A. F.; Church, L.; Plimmer, B.; Gray, D. *Formality in sketches and visual representation: some informal reflections.* In: Plimmer, B.; Hammond, T. (Ed.). Proceedings of the VL/HCC Workshop. Herrsching am Ammersee, p. 11-18, 2008.

Bohm, D. *Der Dialog.* Das offene Gespräch am Ende der Diskussionen. Stuttgart: Klett-Cotta, 2000.

Buxton, B. *Sketching User Experiences: getting the design right and the right design.* San Francisco: Morgan Kaufmann, 2007.

Connolly, T.; Routhieaux, R.; Schneider, S. *On the effectiveness of group brain storming – test of an underlying cognitive mechanism.* In: Small Group Research, v. 24, n. 4, p. 490-503, 1993.

Clarke, P.; George, J. *Big box thinking: overcoming barriers to creativity in manufacturing.* Design Management Review, v. 16, n. 2, p. 42-48, 2005.

Duarte, N. *Slide:ology: the art and science of creating great presentation.* Sebastopol: O'Reilly Media Inc., 2008.

Eppler, M. J.; Pfister, R. A. *Drawing conclusions: supporting decision making through collaborative graphic annotations.* IEEE Proceedings of the International Conference on Information Visualization. London: IEEE Xplore, p. 369–374, 2010.

Eppler, M. J.; Pfister, R. A. *Paths to success: a sketch-based creativity technique for individuals and teams.* IEEE Proceedings of the International Conference on Information Visualization. Montpellier: IEEE Xplore, 2012.

Eppler, M. J.; Pfister, R. A. *Visual strategizing: the systematic use of visualization in the strategic planning process.* Long Range Planning LRP – International Journal of Strategic Management, v. 42, n. 1, p. 42-74, 2009.

Ferguson, E. S. *Engineering in the Mind's Eye.* Cambridge: MIT Press, 1992.

Fish, J.; Scrivener, S. *Amplifying the mind's eye: sketching and visual cognition.* Leonardo, v. 23, n. 1, p. 117-126, 1990.

Goldschmidt, G. *On visual design thinking: the vis kids of architecture.* Design Studies, v. 15, n. 2, p. 158-174, 1994.

Gray, D.; Brown, S.; Macanufo, J. *Gamestorming: a playbook for innovators, rulebreakers, and changemakers.* Sebastopol: O'Reilly Media Inc., 2010.

Hamel, R.; Hennessey, J. M. *Sketching and creative discovery.* Design Studies, v. 19, n. 4, p. 519-546, 1998.

Heiser, J.; Tversky, B.; Silverman, M. *Sketches for and from collaboration*. Disponível em: www.psych.stanford.edu/~bt/gesture/papers/vr04.pdf. Acessado em: 21/Dez/2009.

Henderson, K. *Flexible sketches and inflexible data bases: visual communication, conscription devices, and boundary objects in design engineering*. Science, Technology & Human Values, v. 16, n. 4, p. 448-473, 1991.

Hewstone, M.; Stroebe, W. *Introduction to Social Psychology: an European perspective*. 4. ed. *Hoboken, NJ, p.* 264–289, 2001.

Isaacs, W. *Dialogue and the Art of Thinking Together*. A Pioneering Approach to Communicating in Business and in Life. Nova York: Crown Business, 1999.

Landay, J. A.; Myers, B. A. *Interactive sketching for the early stages of user interface design*. In: Proceedings of the Sigchi Conference on Human Factors in Computing Systems. Denver, p. 43–50, 1995.

Mayer, C. *Hieroglyphen der Psyche: Mit Patienten Skizzen zum Kern der Psychodynamik*. Berlin, 2007.

McGown, A.; Green, G. *Visible ideas: information patterns of conceptual sketch activity*. Design Studies, v. 19, n. 4, p. 431-453, 1998.

Paulus, P. B.; Nijstad, B. *Group Creativity: Innovation through Collaboration*. Oxford: Oxford University Press, 2003.

Pfister, R. A.; Eppler, M. J. *The benefits of sketching for knowledge management*. Journal of Knowledge Management, v. 16, n. 2, p. 372–382, 2012.

Roam, D. *The Back of the Napkin: Solving Problems and Selling Ideas with Pictures*. Nova York: Portfolio Trade, 2009.

Schulz-Hardt, S.; Brodbeck, F. C. *Gruppenleistung und Führung*. In: Jonas, K.; Stroebe, W.; Hewstone, M. (Ed.). Sozialpsychologie. 5. ed. Heidelberg, p. 443-486, 2007.

Tversky, B. *What do sketches say about thinking*. In: Proceedings of the AAAI Spring Symposium. *Disponível em: www.aaai.org/Papers/Symposia/Spring/2002/SS-02-08/SS02-08-022.pdf*. Acessado em: 21/Jul/2011.

Tversky, B.; Suwa, M. *Thinking with sketches*. In: Markman, A. B.; Wood, K. L. (Ed.). *Tools for Innovation: the science behind the practical methods that drive innovation*. Oxford: Oxford University Press, p. 75–85, 2009.

Tversky, B.; Zacks, J.; Lee, P. U.; Heiser, J. *Lines, blobs, crosses, and arrows: diagrammatic communication with schematic figures*. In: Anderson, M.; Cheng, P.; Haarslev, V. (Ed.). *Theory and Application of Diagrams*. Berlin, Diagrams, p. 221-230, 2000.

Verstijnen, I. M.; van Leeuwen, C.; Goldschmidt, G.; Hamel, R.; Hennessey, J. M. *Sketching and creative discovery*. Design Studies, v. 19, n. 4, p. 519-546, 1998.

SOBRE OS AUTORES

Gostaríamos muito de ouvir suas experiências ao utilizar alguns dos modelos documentados neste livro. Entre em contato conosco pelo endereço de e-mail info@sketchingatwork.com com suas perguntas, comentários, ideias ou sugestões para outros modelos úteis de desenho que devem ser incluídos nas edições futuras do livro.

Martin J. Eppler, Prof. Dr. sés.
é professor titular de mídia e gerenciamento de comunicações na Universidade de St. Gallen (HSG), onde também é diretor do =mcm institute, Instituto para Mídia e Gerenciamento de Comunicações (www.mcm.unisg.ch). Realiza pesquisas sobre gestão do conhecimento, visualização do conhecimento e comunicação do conhecimento. Foi professor convidado em várias universidades na Ásia e na Europa. Foi conselheiro para organizações como as Nações Unidas, Philips, UBS, o exército suíço, Ernst & Young, KPMG, Swiss Re, Daimler e outras. Martin J. Eppler estudou comunicação, administração de empresas e ciências sociais na Universidade de Boston, na Paris Graduate School

of Management e na Universidade de Genebra (ph.D. com louvor) e St. Gallen (Master's, Steinacher price). Publicou mais de 80 artigos acadêmicos (em periódicos como Organization Studies, LRP, Harvard Business Manager, IEEE Transactions, The Information Society, European Management Journal, Information Visualization e outros) e oito livros, principalmente sobre comunicação, gestão e visualização do conhecimento. Sua pesquisa foi apresentada em revistas como a BusinessWeek ou a Harvard Business Review.

Roland A. Pfister, Dr. oec. HSG
é empresário, consultor de estratégia e instrutor de gerenciamento e admìnistra projetos de estratégia, organização e transformação. Fez doutorado em marketing pela Universidade de St. Gallen. Depois de terminar sua tese de mestrado sobre gestão de recursos humanos, trabalhou por dois anos como consultor de TI na área de aplicativos essenciais na área bancária para a Accenture, uma grande empresa de consultoria, e mais três anos como analista sênior de negócios para o Credit Suisse Group. Depois, voltou à universidade e começou a fazer pesquisas sobre visualização. Em suas pesquisas, examinou o impacto da visualização quantitativa e explicativa sobre a comunicação nos processos de gerenciamento e publicou vários artigos sobre o uso da técnica de desenho na área de gerenciamento. Além disso, aconselha equipes de gerenciamento em empresas e ensina MBA na St. Gallen e HWZ em Zurique.

ROTAPLAN
GRÁFICA E EDITORA LTDA

Rua Álvaro Seixas, 165
Engenho Novo - Rio de Janeiro
Tels.: (21) 2201-2089 / 8898
E-mail: rotaplanrio@gmail.com